단순하게,
산다

단순하게, 산다 (원제 : La vie simple)

1판 1쇄 2016년 9월 25일
9쇄 2016년 11월 25일

지 은 이 샤를 바그네르
옮 긴 이 강주헌
일러스트 이은혜

발 행 인 주정관
발 행 처 더좋은책
주   소 경기도 부천시 길주로 1 한국만화영상진흥원 311호
대표전화 032-325-5281
팩시밀리 032-323-5283
출판등록 2011년 11월 25일 (제387-2011-000066호)
홈페이지 www.ebookstory.co.kr
이 메 일 bookstory@naver.com

ISBN 978-89-98015-16-9 03180

※잘못된 책은 바꾸어드립니다.

이 도서의 국립중앙도서관 출판시도서목록(CIP)은
서지정보유통지원시스템 홈페이지(http://www.seoji.nl.go.kr)와
국가자료공동목록시스템(http://www.nl.go.kr/kolisnet)에서 이용하실 수 있습니다.
(CIP제어번호 : CIP2016020713)

동시대의 감성과 지성을 담아내는 **북스토리**(주) 출판 그룹

북스토리 | 문학, 예술, 만화, 청소년, 어학
북스토리아이 | 유아, 어린이, 학습
북스토리라이프 | 취미, 요리, 건강, 실용
더좋은책 | 교양, 인문, 철학, 사회, 과학

단순하게,
산다

La vie simple   **샤를 바그네르** 지음 | **강주헌** 옮김

조
더좋은책
은

사랑하는 어머니를 추모하며

9판의 출간을 맞아서

이 책이 재판을 거듭하다 보니 연판이 닳고 닳아 판형을 새로 짜야 할 지경에 이른 오늘, 이 책이 어떻게 탄생해서 어떤 과정을 거쳤는지 개략적으로 살펴보는 것도 재밌을 듯하다.

파리에서 출판사를 운영하던 아르망 콜랭 씨가 어떤 결혼식 축사를 듣고는 이튿날부터 '단순한 삶'을 가정생활에 응용하는 방법을 고심하던 끝에, 나에게 '단순한 삶에 대한 책을 써주십시오. 현 시점에서 이보다 필요한 책은 없을 것입니다'라는 편지를 보냈다.

그로부터 6개월 후에 이 책이 출간되었다.

책을 출간한 출판사도 좋았지만, 그보다 더 훌륭한 독자들이 있었다. 독자들이 이 책을 널리 알리는 확실한 광고판 역할을 해주었다. 친구를 소개하듯이 좋은 책을 추천하는 입소문만큼 효과적인 광고가 어디에 있겠는가. 이 책은 금세 유명해졌고, 소리 소문도 없이 유럽 전역에 알려지고 번역되었다.

1901년 마리 루이즈 헨디가 세련된 영어로 번역한 책이 뉴욕의 매클루어 출판사를 통해 출간되었고, 미국의 저명한 소설가인 그레이스 킹은 세심하고 우아한 글로 추천의 글까지 써주었다. 시어도어 루스벨트 대통령이 이 책을 읽고 감동을 받았다고 알려진 이후로는 미국에서도 순조롭게 판매되기 시작했다.

특히 루스벨트 대통령은 '우리 국민들에게 선생님의 책을 적극적으로 추천하고 싶습니다'라는 편지까지 나에게 보내주었다. 루스벨트 대통령은 뱅고어와 필라델피아에서 가진 두 번의 대중 연설에서 미국인들에게 『단순하게, 산다』의 일독을 적극적으로 권했을 정도다. 게다가 나를 미국까지 초청해서 1904년 11월 22일 워싱턴의 라파예트 스퀘어 대극장에서 다음과 같이 관객에게 소개하는 영광까지 베풀었다.

"내가 대통령으로 재임하는 동안 청중에게 강연자를 직접 소개하는 것은 이번이 처음이자 마지막일 것입니다. 이런 기회를 가질 수 있어 행복하기 그지없습니다. 우리 국민 모두가 재밌게 읽기를 바라는 책 한 권을 추천할 기회를 나에게 준다면, 그 책은 바로 바그네르 씨가 쓴 『단순하게, 산다』입니다. 물론 바그네르 씨가 쓴 책

중에는 우리가 좋은 교훈을 얻을 수 있는 다른 책들도 있습니다. 하지만 우리나라에서나 외국에서 최근에 발표된 어떤 책도 『단순하게, 산다』만큼 우리 미국인이 마음에 새겨야 할 내용을 담고 있지 못합니다."

나는 최근에 다시 미국을 여행하며, 미국인들이 자국 대통령의 충고를 충실히 따랐다는 걸 두 눈으로 확인할 수 있었다. 가정과 대학에서는 물론이고, 사업가를 비롯한 많은 사람들이 『단순하게, 산다』를 읽기 시작했다. 또 신문들은 이 책을 연재 형식으로 게재했고, 설교자들은 이 책을 바탕으로 일련의 강연을 했으며, 만화가들은 재밌는 만화로 그려냈다. 게다가 보급판으로 제작된 책을 길에서 파는 행상들도 있었다.

이 책이 시의적절하게 출판되어, 단순한 삶이 절실하게 필요한 변덕스럽고 복잡한 이 시대의 요구에 부응했다는 증거인 셈이다.

자연스러운 결과이겠지만, 번역서의 눈부신 성공으로 프랑스어판까지 다시 출간되며 새로운 에너지를 얻었다. 그로 인해 이 책은 우리 시대의 으뜸가는 주제, 즉 '삶을 어떻게 조직하고 어떻게 꾸려갈 것인가?'라는 문제에 많은 사람들의 관심을 다시 끌어당길 것이다.

이 시대의 가장 근본적인 문제를 숙고하는 과정에서, 삶의 행복과 아름다움은 단순함을 추구할 때 얻어진다는 걸 깨닫기 바란다.

　　　　　　　　고열로 몸이 허해지고 갈증에 시달리
는 환자는 잠을 자는 동안 시원한 시냇물에서 멱을 감거나, 맑은 샘
물을 벌컥벌컥 들이켜는 꿈을 꾼다. 복잡하고 변덕스러운 현대인의
삶에 지쳐버린 우리 영혼은 단순함을 꿈꾸기 마련이다.

　'단순함'이란 멋진 이름으로 불리던 것이 영원히 사라져버린 것
일까? 단순함이 시대적으로 드물게 예외적인 상황에서만 허락된다
면, 단순함을 우리 시대에 다시 구현하려는 바람은 포기해야 할 것
이다. 거칠게 흐르는 강물을 오리나무 가지들이 뒤엉킨 조용한 계
곡의 수원지까지 되돌릴 수 없듯이, 문명사회를 원래의 상태로 되
돌릴 수는 없는 법이니까.

　그런데 단순함은 특정한 경제적인 상황 혹은 사회적인 상황에 따
라 결정되는 것은 아니다. 단순함은 다양한 형태의 삶에 변화를 주

며 활력을 더해줄 수 있는 마음가짐이다. 단언컨대, 우리는 무력감에 젖어 단순함이란 이상을 추구하지 않고, 단호한 자세로 단순한 삶을 추구할 수 있다.

엄밀히 말하면, 단순한 삶을 향한 열망은 인간에게 허락된 가장 원대한 운명을 완수하려는 열망이다. 정의와 깨달음을 향한 인간의 모든 몸부림은 더욱 단순한 삶을 향한 몸부림이기도 했다. 고대인들이 예술과 풍습, 사상에서 보여준 단순함이 지금 우리에게도 비할 데 없는 가치를 갖는 이유는, 본질적인 감정과 변하지 않는 진리를 뚜렷이 드러냈기 때문이다. 이런 단순함을 사랑하며 정성스레 유지하려고 노력해야 한다.

하지만 외적인 단순함에 만족하고 마음가짐의 변화를 꾀하지 않는 사람은 단순한 삶의 길을 제대로 밟지 않은 것이다. 외적인 면에서 우리 이전의 세대들과 똑같을 수야 없겠지만 마음가짐에서는 그 정도의 단순함을 계속 유지하거나, 그 정도의 수준까지 되돌아갈 수 있을 것이다. 물론 우리는 이전 세대들과는 확연히 다른 길을 걷고 있지만, 범선으로 항해하든 증기선을 타고 항해하든 뱃사람을 인도하는 별은 언제나 북극성이듯이, 인간으로서 지향해야 하는 목표는 근본적으로 똑같다.

지금 우리에게 허락된 수단을 총동원해서 그 목표를 향해 나아가야 한다. 무엇보다 이 마음가짐을 유지하는 것이 가장 중요하다. 우리가 걸핏하면 그 길에서 멀어지기에 우리 삶이 이토록 혼잡하고 복잡해지는 것이다.

단순함에 내재된 이런 의미를 널리 알리는 데 성공한다면 내 노력이 헛된 것은 아닐 것이다. 단순함이 우리 풍습과 교육에도 스며들어야 한다고 생각할 독자도 적지 않을 것이다. 이렇게 생각하는 사람부터 자신의 삶에 단순함을 적용한다면, 우리가 인간답게 사는 걸 방해하는 많은 습관 중 일부라도 떨쳐낼 수 있을 것이다.

우리 마음에 따뜻한 온기와 활력을 더해주는 진리와 정의와 사랑으로 가득한 이상적인 세계로부터 우리를 떼어놓는 불필요하고 거추장스런 것들이 너무 많다. 이런 가시덤불이 우리 자신과 우리 행복을 지켜준다는 구실로 햇빛을 가리고 있다. 언제쯤에야 우리는 복잡하고 무미건조한 삶의 유혹에서 벗어난 유명한 현자처럼 용기 있게 대답할 수 있을까?

"내 앞의 태양을 가리지 말게!"

1895년 5월, 파리에서

CONTENTS

복
잡
한

삶

.

블랑샤르 씨의 집은 모든 것이 뒤죽박
죽이다. 그럴 만한 이유가 있다. 그 집 딸 이본 양이 다음 주 화요일
에 결혼을 하는데, 오늘이 바로 금요일이라고 생각해보라!

　　선물을 한 아름 안은 손님들, 주문한 물건들을 들고 온 상점 주인
들이 끝없이 들어온다. 더불어 하인들도 정신없이 바쁘다. 부모와
예비 부부가 머물고 있는 집은 지금까지 살던 집이 아니다. 낮에는
양장점과 모자 맞춤집, 카펫 전문점과 고급 가구점, 보석가게를 둘
러보고, 인테리어 업체에 맡겨놓은 신혼집도 살펴본다. 또 공증인
의 사무실을 차례로 들러 자기 순서를 기다리다가 쓸데없는 서류를
작성하는 데 여념이 없는 직원들을 지켜본다. 이 모든 과정을 끝내
고 집으로 돌아가도 곧바로 온갖 만찬에 참석할 준비를 해야 한다.

약혼식, 상견례, 사교 파티와 무도회…….

　자정을 코앞에 두고서야 녹초가 되어 집에 돌아오지만 곧바로 쉴 수도 없다. 낮에 도착해 산더미처럼 쌓여 있는 물건들과 편지들을 처리해야 한다. 축하 편지, 신부 들러리와 신랑 들러리의 요청을 수락하는 편지와 거절하는 편지, 주문한 물건이 늦어지는 걸 변명하는 편지……. 때로는 충격적인 소식이 담긴 편지까지 더해진다. 예컨대 갑작스러운 초상을 치르느라 결혼식 참석이 어렵다거나, 유명한 여배우인 친구가 지독한 독감에 걸려 결혼식 축가를 부를 수 없게 되었다는 편지 등이다. 모든 것을 다시 시작해야 할 판이다! 가없은 블랑샤르 가족!

　그들은 모든 가능성을 생각하고 대비해두었다고 여기지만 전혀 예상하지 못한 일들이 계속 일어난다. 이처럼 뒤죽박죽인 삶이 벌써 한 달째이다. 잠시 숨을 돌리고 단 한 시간이라도 차분히 마음을 가다듬은 채 조용히 대화를 주고받을 방법은 정말 없을까. 이건 사는 게 아니다. 삶이라 할 수 없다.

　다행히 그들에게는 할머니의 방이 있다. 팔순의 할머니는 살면서 많은 어려움을 겪고 경험도 풍부한 까닭에, 고상한 지혜와 따뜻한 마음을 지닌 사람처럼 차분하고 자신 있게 삶을 꿰뚫어보는 경지에 이르렀다. 할머니는 거의 언제나 편안한 안락의자에 앉아 지내는데, 오랫동안 말없이 명상하는 걸 좋아한다. 그래서일까, 집안에 분주하게 휘몰아치는 폭풍도 할머니의 방문 앞에서는 공손히 멈춰버린 듯하다. 모두의 안식처인 할머니 방의 문턱을 넘는 순간, 목소리는 낮아지고 발걸음도 조심스러워진다. 그래서 결혼을 앞둔 젊은 남녀도 피신처가 필요하면 할머니 방으로 피신한다. 그럼 할머니가 그들에게 말한다.

"가여운 녀석들! 정말 지친 모양이구나! 이곳에서 잠깐이라도 쉬면서 둘만의 시간을 갖도록 해. 그게 가장 중요하지, 다른 것들은 알고 보면 하찮은 것이란다. 너희가 그렇게 정신을 쏟을 만한 것이 아니야!"

두 젊은이는 할머니의 말에 전적으로 공감한다. 지난 몇 주일 동안 온갖 무의미한 관습과 요구에 맞추느라 그들의 사랑을 얼마나 자주 포기해야 했던가! 그들은 자신들의 삶에서 지금처럼 중요한 순간에 유일하게 본질적인 것에 정신을 집중하지 못하고 부차적인 것들에 마음을 빼앗겨야 하는 숙명을 견뎌야 한다. 그래서 할머니가 미소 띤 얼굴로 그들을 다독이며 "정말 세상이 너무 복잡해졌구나. 그렇다고 예전보다 더 행복해진 것도 아닌데 말이지……. 오히려 정반대가 되어버렸지!"라고 말하면, 그들은 저절로 고개가 끄덕여진다.

나도 할머니와 같은 생각이다. 요람에서 무덤까지 현대인은 기본적인 욕구를 충족할 때나 일시적인 쾌락을 추구할 때, 또 세상과 자신에 대한 생각을 정리할 때 마치 끝없이 복잡한 미로에서 발버둥치는 것 같다. 이제 단순한 것은 없다. 생각하고 행동하며 즐기는 것도 단순하지 않다. 심지어 죽는 것도 간단하지 않다. 그런데 우리 삶을 까다롭게 만들고, 삶에서 적잖은 즐거움을 떼어낸 장본인은 바로 우리 자신이다.

지금 이 순간에도 일련의 부자연스런 삶으로 힘들어하는 사람들은 헤아릴 수 없이 많다. 그 불만스런 마음을 대신해서 표현하고, 막연히 떠오르는 단순한 삶에 대한 회한을 부추기려는 우리 노력을 그들은 고맙게 생각할 것이다.

먼저, 당신이 깨닫게 될 진리를 명백히 입증해주는 일련의 사실들을 하나씩 나열해보겠다.

우선 물질적 욕구가 다양해지면서 삶도 복잡해지기 시작했다. 실제로 금세기에 보편적으로 확인되는 현상 중 하나는 우리가 풍요로워지면서 물질적 욕구도 증가했다는 것이다. 이런 변화가 그 자체로는 나쁠 것이 없다. 어떤 욕구가 생겼다는 것은 발전이 있었다는 실질적인 증거니까. 예컨대 목욕을 하고 싶다거나 깨끗한 옷을 입고 싶은 욕구, 혹은 쾌적한 집에 살고 싶다거나 세심하게 준비된 건강식을 먹고 싶은 욕구, 또 자기계발을 위한 욕구를 느낀다는 것은 남들보다 앞서 있다는 증거이다.

그런데 이처럼 바람직한 욕구가 있는 반면, 기생충처럼 우리의 희생이 있어야 존재할 수 있기 때문에 우리 삶 자체에 악영향을 미치는 욕구도 있다. 이런 욕구가 의외로 많고 파괴적이기 때문에 걱정하는 것이다. 현재의 물질적 풍요를 즐기고 유지하기 위해 지금 우리가 사용하는 모든 도구를 인류가 언젠가 확보하게 될 것이란 걸 우리 이전 세대들이 알고 있었더라면, 첫째로는 자주성이 확대되어 더욱더 행복해질 것이고, 둘째로는 재물을 차지하기 위한 경쟁이 크게 줄어들 것이라고 예상했을 것이다. 또한 그처럼 완벽한 환경이 갖추어지면 삶이 단순해져 지극히 높은 수준의 도덕적인 사회가 가능할 것이라고도 생각했을 것이다. 하지만 이런 결과는 전혀 나타나지 않았다. 행복과 사회적인 안녕, 우리를 올바른 길로 이끌어갈 도덕 등 어떤 것도 증가하지 않았다.

요즘 사람들이 우리 윗세대들보다 더 만족하며 지내고, 미래에 대한 확신을 갖고 있는 듯한가? 현대인에게 그럴 만한 이유가 있느냐고 묻는 게 아니라, 정말 옛사람들보다 만족하고 미래를 확신하며 살아간다고 생각하느냐고 묻는 것이다. 현대인이 살아가는 모습을 면밀히 살펴보면, 대다수가 자신의 운명에 만족하지 못하고 미래를 걱정하며 물질적인 욕구에 사로잡혀 지내는 듯하다. 적어도 내 눈에는 그렇게 보인다. 주거 환경만이 아니라 먹고 입는 형편이 과거보다 훨씬 나아졌지만, 그 이후로도 먹고사는 문제는 나날이 극심해지며 우리 삶에서 큰 몫을 차지해왔다.

'무엇을 먹을까? 무엇을 마실까? 무엇을 입을까?'라는 문제가 먹을 것과 비를 피할 곳이 없어 내일을 걱정해야 하는 가난한 사람들의 전유물이라고 생각한다면 큰 착각이다. 물론 가난한 사람들에게는 이 문제가 자연스러운 것이지만 가장 단순한 형태로 제기되기도 한다. 약간의 물질적 풍요를 누리기 시작한 사람들을 살펴보면, 현재 소유한 것에 대한 만족감보다는 부족한 것에 대한 아쉬움이 더 큰 것을 쉽게 확인할 수 있다. 또 모든 면에서 호화롭게 살면서도 물질적인 장래를 걱정하는 모습을 보고 싶다면, 넉넉하게 살아가는 사람, 특히 부유한 사람을 지켜보면 된다. 옷이 한 벌밖에 없는 여인은 어떤 옷을 입을까 고민하지 않는다. 마찬가지로 당장에 먹을 것밖에 없는 사람은 내일 무엇을 먹을까 고민하지 않는다. 욕구는 만족감에 비례해서 커진다는 법칙의 필연적인 결과에 따라 '인간은 더 많은 재물을 가질수록 더 많은 것을 원한다!'

일반적으로 인간은 내일이 확실하게 보장되어 있을수록 어떻게 살아야 하는지 더욱 고민하고, 자식과 자식의 자식을 위해 무엇을 준비해놓아야 하는지 걱정하는 법이다. 삶에서 확실히 자리 잡은 사람이 무엇을 어디까지 걱정하는지 정확히 알아낸다는 건 거의 불가능하다.

사회계층에 따라, 또 조건과 상황에 따라 정도의 차이가 있지만 모두가 불안감에 시달린다. 그런 불안감은 무척 복잡한 정신 상태의 반영으로, 굳이 비교한다면 풍족하면서도 불평을 일삼는 변덕스러운 응석받이의 심통이 가장 적합할 듯하다.

우리는 더 행복해지지도 않았고, 마음이 더 온유해지거나 친절해지지도 않았다. 응석받이들은 흔히 악착스레 싸운다. 인간은 욕구와 욕심이 커질수록 주변 사람들과 다툴 기회가 많아지고, 다툼의 원인이 합당하지 않을수록 다툼으로 인한 원한은 깊어간다. 빵 때문에, 결국 기본적인 욕구를 채우려고 싸우는 것은 자연법칙이다. 자연법칙은 야만스럽게 여겨지지만, 잔혹한 데는 이유가 있다. 게다가 자연법칙의 잔혹성은 일반적으로 기초적인 수준을 벗어나지 않는다. 반면에 더 많은 것을 얻기 위한 다툼, 욕심을 채우고 특권을 누리며, 변덕과 물질적인 쾌락을 충족시키기 위한 다툼은 완전히 다르다. 욕심과 탐욕, 불건전한 쾌락을 채우려고 많은 인간들이 비열한 짓을 저지르지만, 굶주림 때문에 비열한 짓을 저지르는 사

람은 없다. 현대사회의 자기중심주의는 심화되고 세분화될수록 더욱더 해로워진다. 이런 이유에서 오늘날 이웃 간의 적대감이 이처럼 깊어지고, 우리 마음이 지금처럼 불안한 때가 없었다.

'하지만 우리 삶에서 정말 더 나아진 데가 없을까?'라는 의문을 제기할 필요가 있지 않을까? 자신 이외에 다른 것을 사랑할 수 있는 능력이 행복의 근원이 아닐까? 물질적인 근심과 불필요한 욕구, 야망과 원한, 환상을 우선적으로 충족시켜려는 삶에 이웃을 배려할 만한 공간이 있을까? 순전히 자신의 욕망을 채우는 데 급급한 사람은 욕망이 점점 커져서 결국에는 그 욕망의 노예가 되어버린다. 욕망의 노예가 된 사람은 도덕심과 긍정적인 에너지를 상실하고 선과 악을 구분하지 못하는 지경에 이른다. 따라서 내적으로 욕망의 혼란 상태에 허우적대고, 결국에는 그 결과가 외적인 모습에서도 드러난다. 도덕적인 삶이 자신의 절제에 있다면, 부도덕한 삶은 위험한 욕망에 자신이 지배당하는 삶을 뜻한다. 따라서 도덕적인 삶의 기초가 천천히 이동하고, 판단의 기준도 달라진다.

탐욕스런 욕망의 노예가 된 사람에게는 소유가 곧 행복이며, 다른 모든 행복의 근원이기도 하다. 소유를 위한 치열한 경쟁 과정에서 우리는 소유한 사람을 증오하며, 소유권이 내게 있지 않고 다른 사람의 손에 있을 때 소유권 자체를 부인하게 된다. 그런데 다른 사람이 소유한 것을 공격하는 증오심은 우리가 소유 자체를 무척 중요하게 생각한다는 참신한 증거이다.

사물이나 사람이나 결국에는 금전적 가치로 평가된다. 달리 말하면, 사물과 사람으로부터 얻을 수 있는 이익으로 평가된다. 따라서 아무것도 안겨주지 못하는 것은 무가치한 것이며, 아무것도 소유하지 않는 사람은 무가치한 사람이다. 청빈함도 부끄러운 것으로 여겨질 가능성이 농후하며, 돈은 부정하게 벌어들일지라도 가치 있는 것으로 여겨지는 데 큰 문제가 없을 것이다.

혹시라도 "그럼 현시대에 이루어낸 발전을 싸잡아 단죄하며 멋진 추억이 있는 그리운 옛날로, 그러니까 금욕주의 시대로 되돌아가자는 겁니까?"라고 반박할 사람이 있을지도 모르겠다. 절대 그렇지 않다. 과거를 되살리려는 시도는 가장 무익하면서도 가장 위험한 몽상이다. 행복한 삶의 비결은 현재의 삶을 포기하는 것이 아니다. 그러나 사회의 발전을 방해하는 많은 잘못을 바로잡기 위해서라도 가장 부담스러운 잘못을 찾아내려는 노력을 게을리해서는 안 된다.

예컨대 "물질적으로 풍요로워지면 인간의 삶은 더욱 행복해지고 윤택해진다"라고 말하지만, 이런 생각만큼 잘못된 것이 없다. 오히려 물질적인 풍요가 지나치면 인간의 성품은 타락하고 행복의 가능성도 크게 떨어진다는 것은 수많은 사례에서 이미 입증되었다. 한 문명의 가치는 그 중심을 차지하는 인간의 가치로 결정된다. 그 인간이 도덕심을 상실하면, 발전은 상황을 더욱 악화시키고 사회적 문제를 더욱더 혼란스럽게 만들 뿐이다.

이 원칙은 물질적인 행복만이 아니라 다른 영역에서도 확인된다. 여기에서는 '교육'과 '자유'라는 영역에 대해서만 살펴보기로 하자. 사람들에게 믿음을 주던 예언자들이 오래전부터 한 덩어리로 뭉쳐 있는 낡은 힘―빈곤과 무지와 폭정―을 무너뜨리면 이 사악한 땅을 신들의 거처로 바꿔놓을 수 있다고 선포하던 시대가 있었다. 오늘날에도 많은 예언자가 똑같은 예언을 반복하고 있다. 앞에서 보았듯이, 오늘날 빈곤은 분명히 줄었지만 인간의 삶이 더 행복해지고 더 나아지지는 않았다. 그래도 교육에 상당한 정성을 쏟은 까닭에 어느 정도는 인간의 삶이 더 행복해지고 나아지지 않았을까? 아직은 그렇다고 확실하게 대답할 수 없다. 국민 교육에 몸을 바친 사람들의 걱정과 번민이 여기에 있다. 그렇다고 국민들을 바보가 되도록 내팽개치고, 보통교육을 폐지하고 학교를 폐쇄해야 하는 것일까? 그렇지 않다. 우리 문명을 움직이는 많은 제도와 마찬가지로 교육도 결국에는 하나의 연장에 불과하다. 모든 것은 연장을 사용하는 사람에게 달려 있다.

자유도 다를 바가 없다. 자유는 어떻게 사용하느냐에 따라 인간에게 해롭기도 하고 이롭기도 하다. 그렇다면 변덕스럽고 오만불손한 말썽꾼이나 악당이 마구 휘둘러대는 자유도 자유일까? 자유는 느릿하지만 끈덕진 내면의 변화를 통해서야 호흡할 수 있는 맑디맑은 생명의 공기이다.

어떤 삶에서나 법이 필요하다. 하등 생물의 삶보다 인간의 삶에 더더욱 필요하다. 인간과 사회적 존재로서의 삶이 식물과 동물의 삶보다 더 소중하고 미묘하기 때문이다. 인간의 경우, 그 법은 원래 외적인 것이지만 내적인 것으로 변할 수 있다. 내적인 법의 존재를 인지하고 그 법을 존중한다면, 그처럼 자발적으로 법을 준수하고 존중하는 태도만으로도 자유를 향유하기에 충분히 성숙했다는 뜻이다. 엄격하게 적용되는 강력한 법을 내면에 지니지 않은 사람은 자유라는 공기를 호흡할 수 없다. 자유라는 공기는 자칫하면 인간을 자극하여 제멋대로 행동하게 하며, 도덕적인 죽음을 안기기 때문이다. 성장한 새가 알에 갇혀 살 수 없듯이, 내적인 법을 충실히 지키는 사람은 외적인 권위에 맹목적으로 순종하며 살아가지 못한다. 반면에 보호막인 껍질을 빼앗긴 새의 태아가 그렇듯이, 정신적으로 자신을 제어하는 수준에 이르지 못한 사람은 자유라는 제도하에서 제대로 살아갈 수 없다. 이런 관계는 무척 단순하다. 그 증거들이 지금도 우리 눈앞에 수두룩하며, 과거의 사례에서도 얼마든지 그 증거를 찾아낼 수 있다. 하지만 우리는 그처럼 중요한 법을 구성하는 기본적인 요소가 무엇인지도 제대로 모르고 있는 듯하다.

민주사회에서 자발적으로 절제하는 삶을 살려면 반드시 알아야 하는 이 진리를 개인적으로 검증함으로써, 즉 이 진리에 맞추어 살아감으로써 이 진리가 무엇인지 깨달은 사람이 얼마나 되겠는가? 자유는 존중이다. 자유는 내적인 법에 대한 순종이다. 이 내적인 법은 권력자의 독선도 아니고, 군중의 변덕도 아니다. 명령권을 쥔 권력자도 먼저 조아리는 비인격적인 초월적인 규칙이다. 그렇다고 자유를 폐지하고 인정하지 않아야 한다는 뜻일까? 그렇지 않다. 우리가 자유를 누릴 만한 자격을 갖춘 사람으로 바뀌어가면 된다. 그렇지 않으면 공공의 삶이 불가능해지고, 규율이 없는 방종으로 우리는 선동정치에 휘말려 들어갈 것이다.

우리 사회생활을 복잡하고 혼란스럽게 만드는 특정한 원인들을 살펴보면, 그 원인들 하나하나에 그럴듯한 명칭을 붙일 수 있고, 그 원인들을 얼마든지 길게 나열할 수도 있지만 결국에는 '부수적인 것과 본질적인 것의 혼동'이라는 하나의 일반적인 원인으로 귀착된다. 물질적인 행복, 교육과 자유 등 문명사회와 관련된 모든 것은 그림의 액자라 할 수 있다. 하지만 사제복을 입었다고 수사가 되는 것이 아니고, 군복을 입었다고 군인이 되는 것이 아니듯이 액자가 그림을 만드는 것은 아니다. 여기에서 그림은 인간이다. 정확히 말하면, 의식과 성격과 의지 등 지극히 개인적인 면을 지닌 인간이다. 그런데 액자를 정성스레 선택해 멋지게 꾸미는 동안 우리는 그림이란 존재를 잊고 무시하며, 심지어 훼손하기도 한다.

우리 삶은 외적으로는 좋은 물건들로 가득하지만 영적으로는 황폐하기 그지없다. 엄밀히 말하면 없어도 상관없는 물건들은 주변에 넘쳐흐르지만, 정작 반드시 필요한 것을 갖추지 못한 사람이 비일비재하다. 따라서 우리 내면에 존재하는 의식이 깊은 잠에서 깨어나 자신에게 주어진 운명을 사랑하고, 구체적으로 실현하려고 한다면, 마치 생매장당한 것처럼 괴로워할 수밖에 없다. 산더미처럼 쌓인 하찮은 것들에 짓눌려 숨도 제대로 쉬지 못하고 햇빛도 제대로 받지 못할 것이다.

진정한 삶을 되찾아야 한다. 진정한 삶이 무엇인지 깨닫고 정확히 구분할 수 있어야 한다. 모든 것을 본래의 자리에 되돌려놓고, 인간의 본질적인 진보는 정신의 성장에 있다는 걸 명심해야 한다. 무엇이 좋은 램프라고 생각하는가? 화려하게 장식된 램프가 아니다. 정교하게 조각되고, 값비싼 금속으로 제작된 램프도 아니다. 좋은 램프는 밝은 빛을 비추는 램프이다. 이와 마찬가지로 우리가 인간이고 시민인 이유는, 우리가 많은 재물을 지녔고 언제라도 재밌는 즐거움을 누릴 수 있기 때문이 아니다. 우리가 지닌 지적이고 예술적인 교양이나, 우리에게 허락된 특권과 자유 때문도 아니다. 우리가 인간이고 시민인 이유는, 쉽게 꺾이지 않는 강인한 정신력에 있다. 이 말은 오늘날에만 적용되는 진리가 아니라 동서고금의 진리이다.

인간이 육체적 노력이나 정신적인 지식으로 외적인 환경을 상당한 수준까지 올려놓았더라도 내면의 삶의 상태에 대한 걱정까지 완전히 덜어낼 수 있었던 시대는 여태까지 없었다. 세상의 모습이 바뀌고, 삶을 떠받치는 지적이고 물질적인 요소들도 달라진다. 어떤 것도 이런 변화에 저항할 수 없다. 때때로 이런 변화는 급격히 닥치며 위험하게도 느껴진다. 그러나 중요한 것은 우리를 둘러싼 환경이 어떻게 달라지더라도 인간은 여전히 인간이어야 하고, 자신의 삶을 살며, 목표를 향해 꾸준히 나아가야 한다는 것이다. 어떤 길을 택하더라도 목표를 향해 걸으며, 갈림길에서 방향을 상실해서도 안 되고, 불필요한 짐에 시달려서도 안 된다. 당신이 지향하는 방향과 당신에게 남은 힘을 면밀하게 점검하고, 옳다고 믿는 것에 대한 신

념을 잃지 않아야 한다. 하루하루 더 나은 삶을 살겠다는 본질적인
목표에 충실하기 위해서는 어떤 희생을 치르더라도 짐을 단순화하
며 가볍게 해야 한다.

단
순
함
이
란

무
엇
인
가

.

우리가 열망하는 단순한 삶으로 되돌
아가려면 어떻게 해야 하는지 살펴보기 전에, '단순함'이 원칙적으
로 무엇을 뜻하는지 분명히 정의해둘 필요가 있다. 이 부분에서도
많은 사람들이 앞에서 언급한 잘못을 그대로 되풀이하며, 본질적인
것과 부수적인 것, 즉 알맹이와 껍데기를 혼동하기 때문이다.

　단순함은 겉으로 쉽게 알아볼 수 있는 외적인 특징을 띠는 것으
로 생각하는 사람이 많다. 소박한 환경, 수수한 옷차림과 화려하게
꾸미지 않은 집, 평범함, 가난 등이 단순함과 일맥상통하는 듯하지
만 실제로는 그렇지 않다.

　내가 길을 걷다가 세 유형의 사람들을 만났다고 해보자. 첫 번째
사람은 의복을 제대로 갖춰 입고 마차를 탄 반면에, 두 번째 사람은

구두를 신었고, 세 번째 사람은 맨발이었다. 그럼 세 번째 사람이 가장 단순하다고 말할 수 있을까? 꼭 그렇지는 않다. 마차를 탄 사람은 높은 신분에도 불구하고 재물의 노예가 아닌 단순함을 추구한 것일 수 있다. 구두를 신은 사람은 마차를 탄 사람을 조금도 부러워하지 않을뿐더러 맨발인 사람을 경멸하지도 않는 사람일 수 있다. 반면에 누더기를 걸치고 흙먼지에 맨발로 걷는 사람은 단순함과 노동과 절제를 죽도록 싫어하며, 안락한 삶과 쾌락과 무위도식만을 꿈꾸는 사람일 수 있다.

단순한 삶을 살지 못하는 대표적인 사람들로는 구걸로 연명하는 거지, 사기꾼, 기생충 같은 사람, 아첨하는 사람, 시샘하는 사람이 있을 것이다. 이런 사람들은 이 땅에서 행복을 누리는 사람들이 소유한 것을 어떻게든 한 조각—가능하면 크게—이라도 뜯어내려 한다. 야심이 가득한 사람과 영악한 사람, 나약한 사람과 인색한 사람, 오만한 사람과 꾸미기를 좋아하는 사람도 어떤 사회 계층에 속해 있든 간에 단순함과는 거리가 먼 부류에 속한다.

겉모습은 크게 중요하지 않다. 속마음을 봐야 한다. 단순함은 어떤 계급의 특권도 아니다. 예컨대 겉으로 보잘것없어 보이는 옷도 단순함을 보장하는 증거는 아니다. 고미다락방이나 다락이 없다고 단순한 집은 아니다. 은둔자의 작은 골방, 찢어지게 가난한 어부의 작은 배라고 반드시 단순하다고 말할 수는 없다. 신분의 사다리에서 최하층에 있든 최상층에 있든 간에 상관없이, 즉 어떤 사회 계층에 속하느냐에 관계없이 단순하게 살아가는 사람도 있지만 그렇지 않은 사람도 있다. 그렇다고 단순함이 어떤 외적인 지표로는 나타나지 않고, 고유한 특징과 특유의 형식, 방향을 띠지 않는다고 말하려는 것은 아니다. 누구라도 필요한 경우에 차용할 수 있는 겉모습과 단순함의 본질 자체를 혼동해서는 안 된다고 말하고 싶은 것이다. 본질, 즉 근원은 내면적인 것이다. 단순함은 일종의 정신 상태이다. 단순함의 주된 존재 이유는 우리에게 활력을 주는 데 있다. 따라서 인간다운 인간, 즉 진정한 인간이 되는 것이 최고의 목표인 사람은 단순하다.

인간다운 인간이 되는 게 쉽지 않지만, 그렇다고 불가능한 것도 아니다. 인간다운 인간이 된다는 것은 개인적인 열망과 행동을 존재의 법칙에 일치시키는 것이다. 달리 말하면, 우리가 이 땅에 존재하기를 원하셨던 절대자의 의도에 일치시키는 것이다. 꽃은 꽃, 제비는 제비, 바위는 바위여야 하듯이 인간은 인간이어야 하지, 여우나 토끼, 맹금류나 돼지일 수는 없지 않은가. 그것이 전부이다.

이쯤에서 인간의 현실적인 이상에 대해 생각해보자. 삶을 살아가는 매 순간, 우리는 어떤 목표를 향해 일정한 양의 에너지와 물질을

투자하기 마련이다. 다소 다듬어지지 않는 재료들이 목표를 향해 가는 과정에서 변형되고, 상위 단계의 조직으로 옮겨진다. 인간의 삶도 다를 바가 없다. 인간의 이상이라면 삶을 삶 자체보다 더 나은 것으로 승화시키는 것이다. 우리 삶은 원재료에 비교된다. 그런데 원재료 자체는 원재료로부터 만들어낼 수 있는 것보다 덜 중요하다. 예술작품을 생각해보라. 예술작품의 가치는 예술가가 원재료로 빚어낸 결과물에 있지 않은가.

우리는 각기 다른 선물을 안고 세상에 태어났다. 황금이나 화강암 혹은 대리석을 선물로 받은 사람도 있지만, 대부분은 나무나 찰흙을 받았다. 우리 임무는 그런 재료들로 뭔가를 만들어내는 것이다. 자칫하면 소중한 재료를 망칠 수도 있지만, 아무런 가치도 없는 하찮은 재료로 불멸의 작품을 만들어낼 수 있다는 것도 누구나 알고 있다. 예술이 영원한 이상을 형태로 표현해내는 행위라면, 진정한 삶은 고결한 미덕을 일상의 행위로 실천하는 것이다. 구체적으로 말하면 정의와 사랑, 진실과 자유, 도덕심 등과 같은 고결한 미덕을 일상의 삶에서 장소에 구애받지 않고 어떤 형태로든 표현해내는 것이다. 따라서 사회적 조건이나 타고난 재능에 상관없이 진정한 삶은 가능하다. 삶의 가치를 결정짓는 것은 선천적으로 타고나는 행운이나 개인적인 능력이 아니라, 그런 재료를 어떻게 이용하느냐는 것이다. 순간적인 광채가 낮의 길이를 더해주지는 않는다. 중요한 것은 질質이다.

물론 이런 경지에 오르려면 많은 노력이 필요하다. 단순함이란 능력은 생물학적으로 물려받는 재산이 아니라 끈질긴 노력의 결과물이다. 바르게 산다는 것은 바르게 생각하는 것과 마찬가지로 단순화하는 것이다. 누구나 알고 있듯이, 과학은 많은 사건이 복잡하게 뒤엉킨 세계에서 소수의 일반적인 법칙을 끌어내는 것이다. 그런 규칙을 찾아내려면 그야말로 무수한 암중모색이 있어야 한다! 수세기 동안 지루하게 계속된 탐구의 결과가 때로는 한 줄의 원리로 축약되기도 한다. 이런 점에서 도덕적인 삶은 과학의 일생과 무척 유사하다. 도덕적인 삶도 처음에는 혼돈 상태에서 시작되기 때문에 자체를 실험 및 관찰 대상으로 삼아 탐구하며 때로는 실패하기도 한다.

인간은 행동하고, 그때마다 그 행동의 의미를 이해하려고 진지하게 노력함으로써 삶에 대해 조금씩 더 깊이 알아간다. 삶의 법칙도 알게 된다. '당신에게 주어진 사명을 실행하라!'는 법칙이다. 이 목표를 실현하는 데 열중하지 않고 다른 곳에 한눈파는 사람은 살아 있지만 삶의 존재 이유를 상실한 사람이다. 자기중심주의자, 향락주의자, 야심만 가득한 사람이 여기에 속한다. 그들은 이삭이 패지 않는 밀을 먹는 사람처럼 삶을 소모하며, 삶이 열매 맺는 걸 방해하는 사람이다. 따라서 그들의 삶은 망가진 삶이다.

반면에 고결한 미덕의 실현을 위해 살아가는 사람은 삶을 희생함으로써 삶을 구하는 사람이다. 겉모습밖에 보지 못하는 사람에게는 독선적으로 보이고 삶을 향한 우리 열정을 억제하려고 만들어진 듯한 도덕적 계율들도, 결국에는 하나의 목표를 지향한다. 우리가 보람 없는 삶을 살지 않도록 예방하는 것이다. 이런 이유에서 도덕적 계율은 우리를 끊임없이 하나의 방향으로 끌어간다. '삶을 낭비하지 말고 결실을 맺으려고 노력하라! 삶을 헛되이 소모하지 않기 위해서라도 삶을 희생하는 방법을 배워야 한다.' 이 말에 인간의 경험이 요약되어 있다. 모든 인간이 직접 반복할 수밖에 없는 이 경험은 더 많은 희생을 치를수록 당사자에게 더욱 소중한 것이 된다. 경험을 통해 깨달음을 얻을 때 그의 도덕심은 더욱 확고해진다. 또한 그는 방향을 파악하는 자기만의 방법과, 모든 행위에서 기준으로 삼을 수 있는 자기만의 내적인 규범도 갖추게 된다. 따라서 과거에는 우유부단하고 혼란스럽고 복잡하던 사람이 단순해진다. 자신의 내면에서 형성되어 하루하루 현실 세계에서 실질적으로 검증되는 이 법칙에 끊임없이 영향을 받기 때문에, 그의 판단과 습관적인 행위도 달라진다.

진정한 삶의 아름다움과 숭고함, 즉 진리와 정의와 사랑을 추구하려는 인간의 분투에 잠재된 신성하고 감동적인 면에 일단 매료되면, 진정한 삶의 매력을 떨쳐내기 힘들다. 그 매력은 강렬한 데다 지속적이기 때문에 자연스레 어떤 것보다 우선시된다. 권력과 힘의 필연적인 위계도 그런 식으로 조직된다. 본질적인 것은 명령을 내리고, 부수적인 것은 명령을 따른다. 이런 단순함에서 질서가 생겨난다. 내적인 삶의 메커니즘은 군대에 비교할 수 있다. 군대는 규율을 통해 강해지며, 규율은 상급자를 향한 하급자의 존경과 하나의 목표를 향한 모든 에너지의 집중에 있다. 규율이 느슨해지면 군대는 그에 따른 대가를 호되게 치른다. 하사관이 장군에게 명령할 수는 없는 법이다. 당신의 삶, 다른 사람들의 삶, 사회적인 삶을 신중히 살펴보라. 어떤 결함이 눈에 띄고 삐꺽대는 소리가 들린다면, 그로 인해 후유증이나 무질서가 뒤따른다면, 십중팔구 하사관이 장군에게 명령을 내렸기 때문이다. 단순함의 법칙이 중심을 차지하고 지배하는 곳에서는 무질서가 사라진다.

단순함을 정말 '단순'하게 설명하고 싶지만, 그 방법이 없는 듯하다. 세상을 떠받치는 모든 힘과 세상을 아름답게 꾸며주는 창조물, 진정한 즐거움, 우리에게 위안을 주고 희망을 더해주는 모든 것, 어둠에 잠긴 길을 조금이나마 밝혀주는 모든 것, 힘겨운 삶을 통해 우리에게 숭고한 목적과 무한한 미래를 약속해주는 모든 것, 이런 모든 것이 단순한 사람들로부터 잉태된다. 단순한 사람은 이기심과 허영심을 충족시키는 데 급급하지 않고, 자신의 욕망에 다른 목적을 부여하고, 삶을 살아가는 기술이 궁극적으로는 삶을 희생하는 방법이란 것을 깨달은 사람이다.

단순하게

생각하라

.

현실 세계에서 표현되는 우리 삶만이 아니라 우리 생각도 깔끔하게 정돈할 필요가 있다. 우리 머릿속은 그야말로 무질서한 상태이다. 나침반도 없이 가시덤불로 가득한 숲속을 걷고 있는데, 울창한 나뭇가지에 가려 햇빛마저 볼 수 없어 방향조차 가늠할 수 없는 듯하다.

우리에게 어떤 목표가 있고, 그 목표가 인간다운 인간이 되는 것이란 걸 깨닫는 순간, 우리 생각을 그 목표에 걸맞게 정리한다. 우리를 지금보다 더 낫고 더 강하게 만들어주는 데 도움이 되지 않는 사고방식, 즉 비효율적인 생각, 이해, 판단은 가차없이 배제된다.

따라서 누구에게서나 흔히 눈에 띄는 현상으로, 자신의 생각을 가볍게 취급하는 나쁜 습관을 일차적으로 멀리한다. 일반적으로 생각은 고유한 기능을 지닌 중요한 도구이지 장난감이 아니다. 화가의 작업실을 예로 들어 설명해보겠다.

많은 도구가 제자리에 놓여 있다. 달리 말하면, 도구 하나하나가 어떤 목적을 이루기 위해 배열되어 있음을 뜻한다. 그런데 작업실 문을 열고 원숭이들을 들여보내면 어떻게 될까? 원숭이들은 작업대 위에 올라가고, 줄에 매달리기도 하고, 옷감을 몸에 두르고 슬리퍼를 머리에 뒤집어쓸 것이다. 또 붓으로 재주를 부리고 물감을 맛보고, 초상화의 뱃속에 무엇이 있는지 보려고 화포에 구멍을 뚫기도 할 것이다. 원숭이들은 이런 놀이를 무척 재밌게 생각하며, 작업실에서 신나는 시간을 보낼 것이다. 하지만 화가의 작업실은 원숭이들을 풀어놓기 위한 공간이 아니다. 이와 마찬가지로 생각도 곡예가 펼쳐지는 공간이 아니다. 인간다운 인간은 그저 존재하고 사랑하기 때문에 생각한다. 인간다운 인간은 성심껏 행동하지 메마른 호기심을 채우려고 행동하지는 않는다. 모든 것을 보고 모든 것을 알려고 하는 시도라는 구실을 내세우더라도 그런 호기심은 깊은 감동을 맛보지 못하고, 진정한 행위로 연결되지 않는다.

우리의 일상적인 삶에 기생충처럼 따라붙으며 우리를 괴롭히기에 서둘러 바로잡아야 하는 또 하나의 나쁜 습관은 끊임없이 자신을 점검하고 분석하려는 강박증이다. 그렇다고 내면의 관찰과 의식의 점검에 무관심해지라는 것은 아니다. 오히려 올바른 삶을 위해서는 자신의 내면과 행동의 동기를 명확히 파악하려는 노력은 반드시 필요하다.

하지만 강박적 자기 점검은 완전히 다른 것이다. 자신의 삶과 생각을 끊임없이 점검하고, 자신을 일종의 기계장치처럼 분석하고 분해하려는 광기는 완전히 다른 것이다. 강박적 자기 점검은 시간을 낭비하고 자신을 괴롭히고 힘들게 하는 짓이다. 산책하기 전에 준비를 철저히 하겠다며 운동 근육을 해부학적으로 세밀하게 분석하려는 사람이 있다면, 그는 첫걸음을 떼기도 전에 뼈가 부러질지도 모른다. '너에게는 걷는 데 필요한 것이 모두 있다. 그러니까 당장 걷기 시작하라! 넘어지지 않도록 조심하고, 네 힘을 분별력 있게 사용하라.'

사소한 것에 집착하고, 지나치게 조심하는 사람은 결국 아무것도 하지 못한다. 인간이 자기만을 생각하지 않도록 만들어진 존재라는 걸 깨닫는 데는 약간의 양식良識만 있으면 충분하다.

요즘 '양식'이란 단어로 표현할 만한 것이 과거의 미풍양속만큼이나 희귀해졌다고 생각하지 않는가? 양식도 옛날에나 있던 것이 되었다. 이제는 다른 것이 필요하다며 오후 2시에 정오를 찾듯이 인위적인 것을 찾는다. 인위적인 것에는 평범한 사람은 누릴 수 없는 세련미가 있고, 다른 것들과 구분되는 고유한 매력이 있다고 생각하기 때문이다. 우리가 이미 갖고 있는 수단을 적절히 사용하는 합리적인 인간처럼 행동하지 않고, 기발한 상상력을 발휘하며 놀랍도록 특이한 것을 추구한다. 단순한 직선을 따라가느니 탈선하는 게 낫다고 생각한다. 양식, 즉 단순함을 벗어나려고 우리가 몸으로 표현해내는 괴상망측한 모습에 비하면, 정형외과에서 다루는 기형적인 몸은 아무것도 아니다.

하지만 일탈에는 대가가 따른다는 것을 우리는 따끔한 경험을 통해 배운다. 새로운 것은 일시적인 것에 불과하다. 평범한 것이 영원한 것이다. 평범한 것만이 오랫동안 지속되며, 평범함에서 멀어지는 행위는 지극히 위험한 모험을 무릅쓰는 짓이다. 단순한 것은 무가치한 것이란 착각에서 깨어나 다시 단순한 삶을 찾는 사람은 행복을 찾아가는 사람이다. 많은 사람들이 생각하는 것처럼, 단순한 양식은 누구나 타고나는 속성이 아니다. 다시 말하면, 누구나 힘들이지 않고 얻을 수 있는 평범하고 무가치한 능력이 아니다. 굳이 비교하자면, 단순한 양식은 누가 지었는지 모르지만 먼 옛날부터 대중의 마음에서 저절로 우러나온 오래된 민요와 비슷하다. 양식은 오랜 시간 동안 천천히 조금씩 축적된 자본이다. 양식은 무척 소박한 보물이다. 따라서 양식을 상실한 사람, 혹은 양식을 상실한 사람이 어떻게 살아가는지 똑똑히 목격한 사람만이 그 가치를 제대로 이해한다. 양식을 얻고 간직하기 위해서라면, 예리한 관찰력과 올바른 판단력을 유지하려면 어떤 수고도 마다하지 않아야 한다. 누구나 자신의 칼이 부러지거나 녹슬지 않도록 세심하게 관리한다. 하물며 자신의 생각은 얼마나 소중하게 돌보고 관리해야 하겠는가.

그러나 양식이 세속적인 생각을 뜻하는 것은 아니라는 점을 분명히 알아야 한다. 물론 양식은 눈에 보이지 않는 것과 손으로 만져지지 않는 것을 부정하는 편협한 실증주의는 더더욱 아니다. 인간을 물질적인 감각체로만 생각하며, 내면의 세계라는 고상한 실재를 망각하는 것도 양식이 결여된 행위이기 때문이다. 바로 이런 이유에서 우리는 삶의 중대한 문제에 부딪치게 된다. 우리가 어떤 인생관에 도달하기 위해 고군분투하고, 때로는 어둠 속에서 온갖 고통을 겪으면서 인생관을 찾아내려고 애쓰는 것은 사실이다. 게다가 현실에서 영적인 면과 관련된 것은 나날이 고통스러워진다. 당혹스럽기 그지없는 문제들이 닥쳐 일시적인 혼란에 빠지고 올바로 생각하기 힘들 정도가 되면, 몇몇 단순한 원리로 그 난관에서 벗어나기가 어느 때보다 힘들어진 듯하다. 하지만 어느 시대에나 그랬듯이, 난관을 벗어나야 한다는 절박한 심정 자체가 그런 위기에서 우리를 구해준다. 이런 점에서 삶이란 프로그램은 무척 단순하다.

삶은 좋든 싫든 우리에게 무조건 주어지는 것이다. 우리가 존재해야만 어떤 사상이든 만들어낼 수 있으므로 존재가 사상보다 당연히 시간적으로 앞서며, 누구도 삶을 살지 않고는 삶이 무엇인지 이해할 수 없는 법이다. 우리가 곳곳에서 마주치는 사실들은 철학과 이론과 믿음으로 설명된다. 이런 사실들은 경이롭고도 반박할 수 없는 것이므로, 이성적인 사유로 삶을 추론하고 철학적으로 논증하며 행동할 때 우리는 규칙을 따르지 않을 수 없다. 우리가 삶의 행로에 의문을 가질 때도 이런 다행스러운 필연성 덕분에 세상이 멈추지 않는 것이다. 일시적인 여행자인 우리는 어떤 거대한 움직임에 작은 기여라도 하도록 이 땅에 부름을 받았지만, 그 움직임은 우리가 예측한 것도 아니고, 전체적으로 파악한 적도 없으며, 그 궁극적인 목적을 짐작해본 적도 없는 것이다. 여기에서 우리 역할은 우리에게 부여된 단순한 병사의 역할을 충실하게 수행하는 것이므로, 생각하는 방법도 이런 상황에 적합하게 적응해야 한다.

지금 우리 시대가 이전 세대들이 살던 시대보다 더 힘들다고 생각하지는 말자. 멀리에서 보면 제대로 보이지 않는 법이다. 게다가 할아버지의 시대에 태어나지 못했다고 불평하는 건 그다지 바람직하지 않다. 일반적으로 이 문제와 관련해서 가장 이론의 여지가 적은 의견이 있다면 '이 세상이 존재한 이후로 자신의 시대를 명확히 보는 것은 무척 힘들다!'라는 것이다. 언제 어디에서나 올바로 생각하는 것도 무척 어렵다. 이 점에서 옛 선조들이 우리 현대인보다 나을 것이 없다.

따라서 이런 관점에서 인간을 분석하면, 인간 사이에는 어떤 차이도 없다고 말할 수 있다. 명령을 내리는 사람이든 명령에 따르는 사람이든, 가르치는 사람이든 배우는 사람이든, 또 손에 펜을 쥔 사람이든 망치를 든 사람이든 진리를 분별하는 건 똑같이 힘들다. 인류가 진보하는 과정에서 얻은 몇몇 깨달음은 분명히 인류에게 큰 보탬이 되었지만, 그로 인해 인류에게 닥치는 문제의 숫자와 범위도 증가했다. 어려움은 결코 완전히 제거되지 않고, 인간의 지성은 계속 장애물을 만난다. 미지의 것이 사방에서 우리를 억누르고 옥죈다. 그러나 갈증을 해소하려고 연못의 물을 몽땅 퍼낼 필요가 없듯이, 이 땅에서 살기 위해서 모든 것을 알아야 할 필요는 없다. 과거에도 그랬지만 지금도 인간은 몇몇 기본적인 것만 있으면 얼마든지 살아갈 수 있다.

그 기본적인 것들이 무엇일까?

첫째로 인간의 삶에 무엇보다 필요한 것은 신뢰이다. 우리는 자신에게 허용된 사고思考의 범위 내에서, 모든 존재물의 기저에 존재하는 것을 믿고 신뢰한다. 우주가 안정되고 합리적으로 배열되어 있을 것이란 확고한 믿음이 존재하는 모든 것에 잠재되어 있다. 꽃과 나무와 짐승이 평온하고 편안하게 공존하며 살아간다. 하늘에서 떨어지는 비, 어둠을 밝혀주는 아침, 바다로 흘러가는 냇물에 대한 믿음과 신뢰가 있다. 존재하는 모든 것이 '나는 존재한다. 따라서 나는 존재해야만 한다. 존재해야 할 분명한 이유가 있다. 믿어도 된다!'라고 말하는 듯하다.

둘째로 인간에게 필요한 것은 자신감이다. 인간은 존재한다는 사실 자체만으로 자신의 존재에 대한 충분한 이유를 확보한 것이며, 그것이 자신감의 근거가 된다. 인간에게는 어떤 인간이 되어야 한다는 의지가 있다. 자신감을 유지하고, 어떤 경우에도 자신감을 흐트러뜨리지 않고 오히려 조금씩 키워가며, 더욱더 자신의 것으로 확실하게 만들어가려고 노력해야 한다. 우리 내면에서 자신감을 키워주는 것이라면 무엇이든 좋다. 자신감에서 안정된 에너지와 침착한 행동, 삶에 대한 사랑이 잉태되기 때문이다. 또 자신감이 있을 때 노동도 알찬 결실을 맺는다. 근본적인 자신감은 우리 내면에 존재하는 모든 힘을 움직이게 하는 신비로운 원동력이다. 또한 자신감은 우리를 키워주는 자양분이다. 우리 삶에서 자신감은 빵보다 더 중요하다. 따라서 자신감을 흔들어놓는 것은 무엇이든 나쁘다. 비유해서 말하면, 독이지 양식糧食이 아니다.

삶 자체를 공격하며 삶을 유해한 것으로 규정하는 사상 체계는 지극히 위험하다. 특히 20세기에 들어서면서 삶을 고통이라 주장하는 생각들이 만연했다. 뿌리에 강력한 부식제를 뿌린다면 나무는 당연히 말라죽을 것이다. 하지만 아주 단순하게 생각해도 이런 부정적인 철학을 억제할 수 있다.

당신도 삶을 힘겨운 고생길이라 생각하는가? 좋다! 당신이라면, 그런 삶을 바로잡기 위해 어떤 해결책을 제시하겠는가? 그런 삶에 맞서 싸워서 삶을 없애버릴 수 있겠는가? 그렇다고 당신의 삶을 마감하라고, 당신에게 자살하라고 말하는 것은 아니다. 그렇게 한다고 무슨 이득이 있겠는가? 인간적인 삶을 지워버리라고, 빛을 찾아 올라가지만 몽매하고 하찮은 것에 바탕을 둔 까닭에 마음속으로는 불행을 향해 치닫는 삶을 지워버리라고 요구하는 것이다. 또한 무한의 공간에서 전율하며 살아가려는 의지를 지워버리고, 결국에는 생명의 근원을 지워버리라고 요구하는 것이다. 당신이라면 그런 요구를 받아들일 수 있겠는가? 누구도 그렇게 하지 못할 것이다. 그럼 우리를 방해하지 말고 가만히 놓아두면 좋겠다. 누구도 다른 사람의 삶을 방해할 수 없다면, 공연한 참견으로 사람들의 기분을 역겹게 하는 것보다 삶 자체를 존중하며 효과적으로 활용하는 편을 가르치는 게 더 낫지 않겠는가? 어떤 음식이 건강에 해롭다는 걸 알게 된다면 그 음식을 먹지 않을 것이다. 어떤 식의 사고방식이 우리에게서 신뢰와 즐거움과 힘을 빼앗아간다면 그 사고방식을 버려야한다. 정신 건강에도 좋지 않을 뿐만 아니라 잘못된 사고방식이기 때문이다. 인간에게는 인간적인 생각만이 진실된 것이므로 비관주의는 비인간적인 것이다. 게다가 비관주의에는 논리도 없을뿐더러 겸허함도 없다. 삶이라 칭해지는 경이로운 것을 감히 나쁜 것이라 생각하는 수준에 이르려면 삶의 근본을 파악했거나 직접 삶을 만들었어야 하지 않을까? 이런 점에서 이 시대의 위대한 사상가들이 보여주는 태도는 정말 이해가 되지 않는다. 무척 오래전, 젊은 시절에 이 세상을 창조한 것처럼 행동하지 않는가. 하지만 그들이 그런 착각에서 깨어난 것을 보면, 비관주의적인 생각은 잘못이었던 게 분명하다.

다른 음식을 먹자. 우리에게 원기를 주는 생각으로 우리 영혼을 살찌우자. 우리에게 가장 진실한 것은 우리 힘을 확실하게 북돋워주는 것이다.

우리는 신뢰로 세상을 살아가지만, 적정한 삶을 위해서는 희망도 필요하다. 미래를 향해 나아가는 신뢰의 한 모습이 희망이다. 삶은 그 자체로 결과이고 열망이다. 존재하는 모든 것에는 출발점이 있고, 지향하는 도착점이 있기 마련이다. 삶은 변화이고, 변화는 열망이다. 무한한 변화는 끝없는 희망이다. 모든 사물의 근본에는 희망이 있고, 그런 희망이 인간의 마음에 반영되어야 한다. 희망이 없다면 삶도 없다. 우리를 존재하게 한 힘이 우리에게 더 높은 곳으로 올라가라고 자극한다. 끊임없이 진보하라고 우리를 부추기는 그 집요한 본능이 뜻하는 바는 무엇일까?

첫째로는 삶을 통해 뭔가를 만들어내야 한다는 것을 뜻한다. 둘째로는 삶이 진행되는 과정에서 삶보다 더 좋은 것이 생성되므로 삶은 그 좋은 것을 향해 천천히 움직여 나아가야 한다는 뜻이다. 마지막으로 인간은 힘들게 씨 뿌리는 사람이므로, 모든 씨 뿌리는 사람이 그렇듯이 내일을 믿고 기대해야 한다는 뜻이다.

인류의 역사는 꺾이지 않는 희망의 역사이다. 그렇지 않다면 모든 것이 오래전에 끝났을 것이다. 무거운 짐을 지고도 꿋꿋하게 전진하고 어두운 밤에도 길을 찾아 나섰던 이유, 또 넘어지고 파산해도 다시 일어서고, 죽음을 앞에 두고도 포기하지 않았던 데는 인류에게 희망이 있었기 때문이다. 때로는 모든 희망이 사라진 경우에도 희망을 잃지 않아야 했다. 희망이 인류에게 힘을 북돋워주는 강심제인 셈이다. 우리에게 논리밖에 없었다면, 이미 오래전에 '어디에서나 최종적인 승자는 죽음이다!'라는 결론을 내렸을 것이고, 죽

인간은 힘들게 씨 뿌리는 사람이므로,
모든 씨 뿌리는 사람이 그렇듯이
내일을 믿고 기대해야 한다.

음을 맞으며 이 결론을 새삼스레 다시 인정했을 것이다. 하지만 우리에게는 희망이 있고, 그 때문에 우리는 꿋꿋하게 살아가며 삶의 가능성을 믿는다.

위대한 신비주의 수도자로 지극히 단순하고 선량한 사람이었던 하인리히 조이제 Heinrich Seuse 에게는 가슴 뭉클한 습관 하나가 있었다. 길을 가다 여자와 마주치면, 연령이나 신분을 막론하고 예외 없이 정중하게 길을 양보했다. 그 때문에 발이 가시나무에 찔리거나 더러운 웅덩이에 빠진 적이 한두 번이 아니었지만 그는 "성모마리아님에게 경의를 표하는 마음으로 그렇게 하는 것"이라 말했다.

희망에도 이와 유사한 경의를 표하도록 하자. 우리가 마주치는 희망이 밭이랑을 뚫고 나온 밀의 새순과 같은 모습이든, 새끼를 부화하고 먹이를 먹이는 어미 새의 모습이든, 쓰러졌다가 다시 일어나 비틀거리며 계속 길을 가는 상처 입은 가엾은 짐승의 모습이든, 홍수나 우박에 황폐화된 밭을 일군 후에 다시 씨를 뿌리는 농부의 모습이든, 서서히 상실감을 회복하며 상처를 치유해가는 어떤 민족의 모습이든, 여하튼 외형적으로 보잘것없고 초라한 행색을 띠더라도 희망에 경의를 표하자! 전설이나 순박한 노래 혹은 단순한 믿음에서 만나더라도 희망에 경의를 표하자. 희망은 하나님의 딸처럼 영원히 죽지 않고, 소멸되지도 않으며 언제나 똑같은 것이기 때문이다.

그런데 현대인은 자신 있게 희망을 품지 못한다. 이상하게도 이 시대의 사람들은 결단력이 부족하다. 하늘이 머리 위로 떨어질지도 모른다는 두려움은 선조들조차 어리석은 두려움의 극치라고 손꼽았지만, 이런 두려움이 어느새 우리 마음의 한 부분을 차지한 듯하다. 물방울 하나가 바다의 존재를 의심할까? 햇살이 태양의 존재를 의심할까? 하지만 우리의 지나친 걱정은 그런 경이로운 일을 해냈다! 굳이 비교하자면, 젊은 학생들의 흥겨운 장난기와 역동적인 열정을 질책하는 걸 주된 임무라 생각하며 항상 투덜대고 불평하는 늙은 교사들이 이와 비슷하다.

다시 어린아이로 돌아가, 우리를 둘러싼 신비로운 현상 앞에서 두 손을 모으고 두 눈을 크게 뜨는 법을 다시 배워야 할 때이다. 또한 우리가 지금까지 쌓은 지식에도 불구하고 우리가 아는 것은 지극히 작은 부분에 불과하며, 세상이 우리 두뇌보다 훨씬 크다는 걸 생각해야 하는 때이기도 하다. 세상이 정말 경이로운 것이라면 틀림없이 미지의 것들이 감추어져 있을 것이므로, 우리가 세상을 어느 정도 신뢰하더라도 경솔한 짓을 했다고 비난받지 않을 것이기 때문에 얼마나 다행인가!

채권자가 변제 능력이 없는 채무자를 대하듯이 세상에 대해서는 안 된다. 용기를 되살려주고, 희망이란 신성한 불꽃을 다시 태우도록 해줘야 한다. 태양은 다시 떠오르고, 대지에는 다시 꽃이 피며, 새들은 보금자리를 짓고, 어머니는 아기에게 자애로운 미소를 지을 것이기 때문에 인간이라는 데 용기를 갖고, 나머지는 별의 숫자를 헤아렸던 창조주의 뜻에 맡겨두자. 요즘 같은 환멸의 시대에 낙심한 사람들에게 활력을 되살려줄 만한 말을 나에게 기대한다면, "용기를 북돋우고 희망을 잃지 마라. 대담하게 큰 희망을 품는 사람일수록 거짓을 진실로 믿을 가능성이 떨어진다"라고 말해주고 싶다. 그렇다, 순진하기 이를 데 없는 희망이더라도 가장 합리적인 절망보다 진실에 더 가깝다.

인간이 걷는 길을 밝혀주는 또 하나의 빛은 선량함이다. 그렇다고 인간이 선천적으로는 완벽하게 착하지만 사회에서 살아가는 동안 타락한다고 이야기하려는 것은 아니다. 악은 온갖 형태로 표현되지만, 내가 가장 두려워하는 형태는 유전으로 전해지는 형태이다. 그러나 저급한 본능이나 핏속까지 스며든 악습에 조금씩 오염된 바이러스, 즉 과거로부터 물려받은 악폐에 우리가 사로잡히지 않은 이유는 무엇일까? 내가 가끔 이런 의문을 떠올린 끝에 찾아낸답은, 다른 무엇이 있기 때문이다. 내 생각에 그 다른 무엇은 바로 선한 성품이다.

우리의 생각과 제한적인 이성적 판단을 위에서 굽어보는 미지의 것, 불안감을 야기하는 모순된 수수께끼 같은 인간의 운명, 거짓과 증오, 타락과 고통, 죽음 등을 고려하면 우리가 무엇을 생각하고 무엇을 할 수 있을까? 이 의문에 숭고하고 신비로운 목소리가 "선량하라!"고 대답했다. 선량함은 신뢰와 희망처럼 신성한 것이 분명하다. 수많은 힘이 반대편에서 선량함에 압박을 가하지만 선량함은 결코 사라지지 않기 때문이다. 선량함의 반대편에는 인간의 내면에 존재하는, '야수'라 칭하기에 충분한 선천적인 잔혹함이 있다. 교활함과 폭력, 사리사욕과 배은망덕도 선량함의 반대편에 있는 것들이다. 종교적인 전설에서 한 예언자가 무섭게 울부짖는 맹수들 사이를 무사히 지났듯이, 선량함이 이처럼 음침한 적들과 씨름하면서도 원래의 모습을 고스란히 유지할 수 있는 이유가 무엇일까?

그 적들은 낮은 곳에 있는 것들이고, 선량함은 높은 곳에 있는 것이기 때문이다. 뿔, 날카로운 이, 발톱, 살의로 가득한 눈은 날개에 어떤 해코지도 할 수 없다. 날개를 이용해 높이 날아가면 그것들의 마수에서 벗어나기 때문이다. 선량함도 이런 식으로 적들의 해코지에서 벗어난다. 오히려 선량함은 훨씬 더 잘해내며, 때로는 박해자들의 마음을 사로잡는 아름다운 승리를 거두기도 한다. 야수들이 선량한 사람의 마음에 감동하여 잔혹성을 버리고 그의 발밑에 꿇어 앉아 그의 명령에 순종하기도 한다.

기독교 신앙에서 가장 숭고한 교리는 '잃어버린 인성을 구원하기 위하여, 인간의 눈에 보이지 않는 하나님이 인간의 모습으로 우리와 함께하시려고 이 땅에 오셨고, '선량함'이란 단 하나의 징표로만 자신의 존재를 드러내셨다'는 것이다. 따라서 이 교리에 담긴 근원적인 의미를 깨달은 사람에게는 가장 인간적인 교리가 된다.

불행한 사람에게는 물론이고 심지어 악한 사람에게도 원기를 북돋워 주며 상냥하게 위로해주는 선량함은 발걸음을 내디딜 때마다 밝은 빛을 발산한다. 선량함은 혼탁한 세계를 맑게 하고 단순화한다. 선량함이 상처를 붕대로 감싸고 눈물을 닦아주며, 불안감을 가라앉히고 괴로운 마음을 달래주며, 용서하고 화해를 주선하는 대수롭지 않은 역할을 맡고 있지만, 우리에게 무엇보다 필요한 역할이다. 지금 우리는 단순하지만 보람 있게, 또 인간의 운명에 딱 맞아떨어지는 방향으로 생각하는 최선의 방법을 추적하고 있다. 이쯤에서 우리는 그 방법을 이렇게 요약할 수 있을 듯하다.

'믿음과 희망을 갖고 선량하게 살라!'

깊이 사색하려는 사람들의 의욕을 꺾어놓거나, 미지의 문제나 심원한 철학적이고 과학적인 의문을 연구하려는 사람들을 만류하고 싶은 생각은 조금도 없다. 그러나 그렇게 심원한 곳까지 먼 여행을 떠났더라도 결국에는 지금 있는 곳으로, 때로는 눈에 띄는 성과를 거두지 못한 채 제자리걸음을 반복하는 곳으로 되돌아와야 한다. 삶의 조건이나 복잡한 사회상은 학자와 사상가라도 무지한 사람보다 더 명확하게 보지 못하는 경우가 비일비재하다. 요즘 이런 상황을 직접 경험한 사람이 적지 않을 것이다. 하지만 여기에서 추천한 방법을 따르면 이 방법이 상당히 괜찮다는 것을 인정하지 않을 수 없다.

나는 여기에서 종교적 토대를 일반적인 관점에서 간략하게나마 언급했다. 혹 가장 바람직한 종교가 어떤 것인지 간단히 대답해주기를 바라는 독자가 있을 것이므로, 이 문제에 대한 내 생각을 밝혀두고 싶다. 많은 사람들이 "가장 좋은 종교는 어떤 것입니까?"라고 묻는데, 이런 형식의 질문은 바람직하지 않다. 모든 종교가 나름대로 명확한 특징이 있고, 어떤 종교에나 내재한 장단점이 있다. 따라서 부득이한 경우에 종교들을 서로 비교할 수 있지만, 그 비교에는 필연적으로 개인적인 편견이나 무의식적 편파성이 개입되기 마련이다. 따라서 다른 식으로, 예컨대 "내 종교는 좋은 것일까요? 어떤 점에서 그렇게 말할 수 있나요?"라고 묻는 편이 낫다. 이런 질문에는 다음과 같은 대답이 가능하다.

"좋은 종교가 되기 위한 조건은 다음과 같다. 활기 넘치고 역동적이어야 한다. 신뢰와 희망과 선량함 그리고 삶의 무한한 가치를 실질적으로 느끼게 해주어야 한다. 당신의 좋은 면과 나쁜 면을 조화롭게 결합하여, 당신에게 새로운 사람으로 거듭나야 할 필요성을 알려주어야 한다. 육체적이고 정신적인 고통이 궁극적으로는 해방을 위해 거쳐야 하는 단계라는 깨달음을 주고, 타인의 생각을 존중하는 마음을 키워주어야 한다. 용서를 더 쉽게 하고, 행복감을 덜 뽐내며, 의무를 더 소중하게 생각하고, 죽음 이후의 세계를 막연하게 받아들이지 않게 해주어야 한다."

이런 조건을 갖추면 당신의 종교는 어떤 이름으로 불리든 간에 좋은 것이다. 당신의 종교가 위의 조건을 충족한다면 제대로 성숙하지 못한 초보적 수준에 있더라도 진정한 근원에서 발현된 것이므로 당신을 인간과 하나님에 이어줄 수 있다.

그러나 당신의 종교가 당신이 남들보다 우월하다고 믿게 만들거나 경전에 대해 궤변을 늘어놓게 만들지는 않는가? 당신 얼굴을 찌푸리게 만들거나, 타인의 생각에 영향력을 행사하는 데 그치지 않고 자신의 생각까지 일정한 틀에 옭아매지는 않는가? 당신에게 도덕적 불안감을 잊게 해주고, 죽음 이후의 세계에서 형벌을 피하기 위해서라도 선행을 베풀라고 가르치지는 않는가? 그렇다면 부처나

모세, 무함마드나 그리스도 등 어떤 신을 내세우더라도 당신의 종교는 아무런 가치가 없고, 오히려 당신을 인간과 하나님으로부터 떼어놓을 뿐이다.

물론 내가 이렇게 말하기에 충분한 자격이 있는지는 모르겠다. 하지만 나보다 앞서, 나보다 뛰어난 사람들, 특히 좋은 종교에 대해 질문한 율법학자에게 '착한 사마리아인'의 우화를 전해준 그분도 똑같이 말했다. 나는 그분의 권위를 방패로 삼을 따름이다.

단
순
하
게

말
하
라

.

말은 마음을 드러내는 중요한 수단이
며, 마음이 가장 구체적으로 표현되는 형태이다. 따라서 생각이 곧
말이라 할 수 있다. 삶을 단순한 방향으로 개선하려면 말과 글에 신
경을 써야 한다. 단순하게 생각하듯이 단순하게 말해야 한다. 물론
정직하고 꾸밈없이 말해야 한다.

'올바르게 생각하고, 솔직하게 말하라!'

사회적 관계는 상호 신뢰를 바탕으로 하며, 이런 신뢰 관계는 개
개인의 진정성으로 유지된다. 진정성이 줄어들면 신뢰 관계도 당연
히 약화되며, 인간관계가 악화되고 불안감이 싹트기 시작한다. 이
런 현상은 물질적인 이해관계가 걸린 영역에서는 물론이고, 정신적
인 이해관계가 연루된 영역에서도 확인된다. 끊임없이 경계해야 하

는 사람들과 관계를 지속하는 것은, 과학적 진실을 탐구하거나 종교 간의 합의를 추구하고 정의를 실현하는 것만큼이나 어렵다. 예컨대 말과 글로 표현되는 모든 것이 진실을 전달하지 않고 상대를 착각에 몰아넣는 것이 원칙이어서 상대의 말과 의도를 매번 점검해야 한다면, 삶 자체가 어마어마하게 복잡해질 것이다. 그런데 요즘의 경우가 바로 그렇다. 간사하게 행동하며 상대를 속이는 데 몰두하는, 교활하고 말솜씨만 번드르르한 사람이 너무 많다. 이런 이유에서 지극히 단순하지만 당사자에게는 무척 중요한 것에 대한 정보를 얻기가 그렇게 힘든 것이다.

지금까지 내가 언급한 것만으로도 내 생각을 대략 짐작하겠지만, 개개인의 경험이 구체적인 설명을 위한 보충 자료로 여기에 더해질 수 있다. 그러나 단순하게 말해야 한다는 내 생각을 강조하는 동시에, 구체적인 예로 내 생각을 뒷받침하고 싶은 욕심도 있다.

옛사람들에게는 커뮤니케이션 수단이 그다지 많지 않았다. 그래서 정보를 전달하는 매체의 기능을 개선하고 그 수효를 늘리면 세상을 이해하는 능력이 확대될 거라고 생각했던 것도 당연했다. 커뮤니케이션의 확대로 여러 국가가 상대에 대해 잘 알게 되면 서로 좋아하는 방법을 터득하게 될 것이고, 한 나라의 국민은 공유하는 삶과 관련된 것들을 조금씩 알아감으로써 밀접한 형제애로 결속된 느낌을 받게 될 것이다. 인쇄술이 발명되었을 때 사람들이 "피아트 룩스! fiat lux, 빛이 있으라"라고 소리쳤다면, 글을 읽고 신문을 구독하는 풍습이 확대되었을 때는 더더욱 그렇게 소리칠 만했다. '빛이 두 개이면 하나인 때보다 밝고, 빛이 많으면 두 개인 때보다 더 밝다. 그렇다면, 신문과 책이 많아질수록 세상에 어떤 일이 일어나고 있는지 더 잘 알게 될 것이다. 따라서 우리 시대 이후에 역사를 쓰려는 사람들은 양손에 넘치도록 많은 자료를 확보할 수 있어 무척 운이 좋다'라고 생각하지 못할 이유가 어디에 있겠는가? 하기야 이보다 더 확실한 것은 없는 것으로 여겨졌을 것이다.

하지만 안타깝게도 이런 추론은 커뮤니케이션 수단의 장점과 효과를 근거로 이루어졌을 뿐, 어떤 경우에나 가장 중요한 요소인 인간적인 부분을 전혀 고려하지 않은 것이었다. 그런데 궤변을 늘어놓고 중상모략하는 사람들, 요컨대 말과 글을 능숙하게 다루는 법을 누구보다 잘 아는 까닭에 말솜씨만 뛰어난 사람들이 생각을 확산하고 전파하는 모든 수단을 대대적으로 이용했다. 그 결과가 무엇이겠는가? 우리 시대에 대해서, 또 우리 시대에 일어나는 사건들에 대한 진실을 알아내기가 무척 어려워졌다. 이웃 나라에 정보를 공정하게 제공하는 동시에 이웃 나라를 편견 없이 연구함으로써 우호적인 국제 관계를 조성하는 신문들도 적지 않지만, 불신과 중상의 씨를 뿌리는 신문은 얼마나 많은가? 어떤 사실이나 발언에 대한 악의적인 해석과 유언비어가 여론에서 얼마나 조작되고 왜곡되는가?

또 국제 문제에 비해 국내 문제에 대한 정보를 더 정확히 제공받는 것도 아니다. 상업과 공업과 농업의 이해관계에 대해서, 사회의 흐름과 정당에 대해서, 공적인 업무에 관련된 인물에 대해서 객관적인 정보를 구하기도 쉽지 않다. 신문을 읽을수록 세상사가 더욱 모호해진다. 독자가 신문을 읽고 기사의 내용을 곧이곧대로 받아들이며 믿으면 '어디에나 타락하고 부패한 사람밖에 없다. 소수의 기자만이 청렴할 뿐이다!'라는 결론을 끌어낼 수밖에 없는 날들이 적지 않다. 하지만 이 결론에서 뒷부분도 지워져야 한다. 기자들도 자기들끼리 엄청나게 헐뜯는 게 사실이니까! 따라서 독자는 '뱀들의 전투combat des serpents'라는 제목이 붙여진 캐리커처와 유사한 장면을 눈앞에서 보고 있는 셈이다. 두 파충류가 주변에 있는 것을 모두 먹어 치운 후에는 서로 공격하며 잡아먹는 까닭에 결국 전쟁터에는 두 개의 꼬리밖에 남지 않는다.

일반 민중만이 말로 인한 곤경에 빠지는 것은 아니다. 이른바 교양인도 예외가 아니다. 거의 모두가 똑같은 처지에 빠진다. 정치와 재무와 상거래, 심지어 과학과 예술, 문학과 종교 등 어디에나 배후가 있고 속임수와 책략이 있다. 대외적으로 공개되는 진실과 내부자들이 공유하는 진실은 다르다. 따라서 모두가 속고 있는 셈이다. 어떤 분야의 내부자가 되더라도 소용이 없다. 누구도 모든 분야의 내부자가 될 수는 없기 때문이다. 또한 누구라도 교묘하게 속이는 사람도 정작 자신이 타인의 진정성을 믿고 의지해야 할 때 그도 속게 된다.

이런 현상이 관례화된 탓에 인간적인 말의 가치도 추락하고 말았다. 말을 저급한 도구로 취급하는 사람들의 눈에는 인간적인 말도 천박하게 여겨지기 마련이다. 논쟁이나 궤변을 좋아하는 사람들, 즉 자신의 생각만이 옳다고 격분하거나 자신의 이익만이 중요한 것이라 주장하는 사람들에게는 어떤 말도 고려할 만한 가치가 없다. 그들은 자신들이 따르는 '이익을 주는 것을 말하지, 진실인 것을 말하지 말라!'는 법칙에 따라 다른 사람들까지 판단한다. 따라서 그들은 누구도 신뢰하지 못하며, 누구의 말이나 행동도 진심으로 받아들이지 못한다. 한마디로 그들에게 주어진 형벌인 셈이다. 글을 쓰고 강연을 하며 가르치는 사람들이 이런 식이라면, 정말 서글픈 정신 상태가 아닐 수 없다. 이런 정신 상태로 독자와 청중에게 다가간다면 그들을 얼마나 경멸하고 무시하겠는가!

정직을 최고의 미덕으로 생각하는 사람에게는 순진하고 착한 사람들을 속이려는 말 장난꾼의 교묘한 말과 글만큼 혐오스러운 것이 없다. 한쪽은 진지하게 접근하며 뭔가를 배우려고 하지만, 말 장난

꾼은 교묘한 술책으로 상대를 속이려 하니까! 그러나 거짓말쟁이는 자신이 얼마나 큰 잘못을 범하고 있는지 모른다.

인간이 살아가는 데 필요한 자본은 신뢰이다. 주변 사람들의 신뢰만큼 중요한 자본은 없다. 우리는 배신을 당했다고 느끼는 순간, 경계심을 품는다. 인간의 단순함을 악용하는 사람이 잠시 주목받을 수는 있다. 그러나 약간의 시간이 지나면 그를 향한 찬사가 반감으로 바뀐다. 활짝 열려 있던 문에는 무표정한 목석같은 얼굴들이 어른거리고, 전에는 주의하여 듣던 귀가 닫혀버린다. 안타깝게도 귀는 악한 말에만 닫히는 게 아니라 유익한 말에도 닫힌다. 말을 왜곡하며 말의 품격을 떨어뜨린 사람들의 잘못이 여기에 있다.

그들은 전반적인 신뢰 관계를 망가뜨린다. 일반적으로 화폐가치의 추락, 정기적인 수입의 축소, 신용도의 하락은 재앙으로 여겨진다. 그런데 이보다 훨씬 더 큰 불행은 신뢰의 상실, 즉 정직한 사람들이 서로 주고받는 도덕적 신용의 상실이다. 신뢰가 바탕에 있기 때문에 말이 공인된 화폐처럼 통용되는 것이다. 위폐범과 투기꾼, 부패한 금융가는 진짜 돈의 가치마저 의심하게 만들기 때문에 없어져야 할 존재들이다. 거짓된 글과 말을 만들어내는 사람들도 없어져야 마땅하다. 사람들이 어떤 것도 믿지 않고 누구도 믿지 않는 불신의 늪에서 허우적대고, 말과 글의 가치가 가짜 돈의 가치처럼 추락한 이유가 그들에게 있기 때문이다.

하루라도 빨리 우리가 말과 행동을 조심하고, 글을 신중하게 다듬고, 단순함을 열망해야 하는 이유가 이쯤이면 분명해진 듯하다. 의미를 왜곡하는 표현이나 속내를 감춘 우회적이고 에두른 표현은 이제 없어져야 한다! 이런 표현은 모든 것을 복잡하게 만들 뿐이다. 인간답게 명확하게 말하도록 하자! 세상을 구원하는 데는 표리부동한 수년보다 정직한 한 시간이 훨씬 많은 일을 해낸다.

프랑스인의 고약한 습관과 관련해서, 말과 글의 문체를 지나치게 중요하게 생각하는 사람들에게 한마디 하고 싶다. 그렇다고 우아한 말투나 섬세한 글 읽기를 즐기는 사람을 탓하자는 것은 아니다. 우리가 반드시 말해야 하는 것은 아무리 정확하게 말해도 지나치지 않다는 주장에 나도 동의한다. 하지만 정확하게 말하고 정교하게 쓴 것이 가장 잘 다듬어진 말이거나 글이란 등식은 성립하지 않는다. 말은 어떤 사실을 표현하고 전달하는 역할을 하는 것이지, 어떤 사실을 멋지게 장식함으로써 그 사실을 잊게 만드는 것이 아니다. 따라서 단순하게 말하면서도 최대한 많이 전달하는 것이 가장 좋은 것이다. 그런 말은 본래의 모습을 그대로 보여주는 것이기 때문이다.

투명하더라도 아름다운 표현이란 장막으로 그 말을 덮지 마라.

그런 표현은 작가나 웅변가의 허영이라 칭해지며, 진실을 가리는 치명적인 그림자이다. 단순함만큼 강렬한 것은 없고, 단순함만큼 설득력 있는 것도 없다. 신성한 감정이나 지독한 고통, 위대한 희생이나 격정적인 열정은 장황한 미사여구보다 하나의 눈빛이나 몸짓 혹은 절규로 더 훌륭하게 표현될 수 있다. 인간이 마음에 담고 있는 가장 소중한 것은 지극히 단순하게 표면화된다. 설득력이 있으려면 진실되어야 한다. 숙련된 입술에서 흘러나오거나 굵직한 목소리로 힘차게 선포될 때보다 순진한 입술, 심지어 힘없는 입술에서 새어 나올 때 더 쉽게 이해되는 진실들이 있다. 이런 원칙들은 일상의 삶에서 누구에게나 적용된다. 공적인 삶에서나 사적인 삶에서 자신의 감정과 확신을 진실되고 간결하며 단순하게 표현하라는 원칙, 또

정도를 넘어서지 말고 내면의 생각을 충실히 표현하며, 특히 자아를 잊지 말라는 원칙을 지키며 도덕적인 삶을 살아갈 때 얻을 수 있는 이득은 상상을 초월한다. 이런 이유에서도 '단순하라'는 원칙은 중요하다.

장황한 미사여구도 그 자체로 영향력을 지니기 때문에 위험하다. 미사여구는 고상한 하인과 유사하다. 왕궁에서 흔히 보듯이, 고상한 하인들은 '하인'과 관련된 직함을 지니지만 하인의 역할을 하지 않는다. 훌륭하게 잘 말했다! 훌륭하게 잘 썼다! 이런 칭찬이면 충분하다.

말한 것으로 만족하며, 말을 했으니 행동하지 않아도 괜찮다고 생각하는 사람은 얼마나 많은가? 또 귀담아들었으니 그것으로 만족하는 사람도 얼마나 많은가? 이런 식이면, 결국 삶은 그럴듯하게 다듬어진 연설과 예쁘장하게 꾸며진 책, 멋진 희곡으로만 이루어진다고 생각하며, 그처럼 멋지게 말한 것을 행동으로 옮긴다는 것은 생각조차 못 할 수 있다. 유능한 사람들이 활약하는 영역은 제쳐 두고, 평범한 사람들이 살아가는 영역, 즉 모든 것이 엉망진창으로 뒤섞인 영역을 관찰해보면 우리가 말하고 듣기 위해 이 땅에 존재한다고 생각하는 사람들로 득실대는 듯하다. 그들은 끊임없이 재잘대고 고함치고 험담하고 열변을 토한 후에도 아직 마음껏 말하지 못했다고 생각한다. 그들은 말을 최대한 절제하는 사람이 가장 많은 일을 해낸다는 사실을 망각한 사람들이다. 기적을 울리는 데 증기를 몽땅 써버린 기계는 톱니바퀴를 돌리지 못한다. 요컨대 침묵하는 힘을 키워라. 말을 줄이면 그만큼 당신의 말에 담긴 힘이 커진다.

지금까지 우리는 '단순하게 말하라'는 문제를 생각해보았다. 이 생각은 자연스레 우리를 유사한 주제로 유도해간다. 흔히 '과장된 표현'이라 일컬어지는 것으로, 여기에서도 관심을 가질 만한 주제이다. 어떤 지역의 주민들을 연구해보면 그들 사이에서 기질의 차이가 눈에 띄고, 그 차이는 흔히 언어적 표현으로 나타난다. 예컨대 냉정하고 차분해서 절제되고 무미건조하게 말하는 사람들이 있는 반면, 정신적으로 균형이 잡혀 상황에 딱 맞아떨어지는 단어를 적합하게 선택하는 사람들도 있다. 하지만 흙과 공기 그리고 포도주의 영향을 받은 때문인지 뜨거운 피가 혈관을 빙빙 돌아, 쉽게 흥분하고 과장된 표현을 즐기는 사람들도 있다. 그들의 말투에서는 최상급 표현이 흔하고, 극히 단순한 것을 말할 때에도 강렬한 표현을 사용한다.

말투는 기후에도 영향을 받지만 시대에 따라서도 달라진다. 우리 역사에서 다른 시대의 글이나 말을 우리 시대의 것과 비교해보라. 흔히 '앙시앵레짐ancien régime'이라 일컬어지던 18세기의 말투는 대혁명 시대의 말투와 달랐다. 지금 우리가 사용하는 언어도 1830년이나 1848년, 혹은 제2제정 시대*에 사용하던 언어와 다르다. 일반적으로 언어는 시대의 흐름에 따라 단순해지는 경향을 띄므로, 지금 우리 시대의 언어가 상대적으로 더 단순하다. 게다가 우리는 더 이상 가발도 쓰지 않고, 글을 쓸 때 레이스가 달린 토시를 끼지도 않는다. 그러나 우리를 우리 선조들과 뚜렷이 구분 짓는 징후 하나가

◆ 1852년부터 1870년까지 나폴레옹 3세가 통치하던 기간.

있다. 과장된 표현의 근원이라 할 수 있는 신경과민이 그것이다.

　분명히 말하지만 신경을 쓴다고 특별히 달라지는 건 없다. 그렇지만 병적으로 흥분한 사람과 정상적인 사람이 똑같은 말을 하더라도 같은 인상을 전달할 수는 없다. 신경과민인 사람은 자신의 느낌을 표현하려고 할 때 단순한 말로는 충분하지 않다고 생각할 것이다. 개인적인 삶에서나 공적인 삶에서, 심지어 문학과 연극에서도 차분하고 절제된 언어는 과장된 언어에 밀려났다. 소설가와 극작가가 대중을 흥분시키고 대중의 관심을 끌기 위해 과거에 사용했던 수단들은 지금 우리가 일상적으로 주고받는 대화와 편지글의 문체, 특히 논쟁에서는 기초적인 수준에 불과하다. 우리 말투가 차분하고 침착한 사람의 말투라면, 우리 글은 아버지 세대의 글에 비교되어야 마땅하다. 잘못된 부분이 있다면 펜이 강철로 만들어진 탓이다. 거위 깃털로 펜을 만들었다면 그런 잘못을 범하지 않았을 텐데. 이제는 진실을 말해야 하지 않겠는가. 하지만 폐해의 뿌리는 훨씬 더 깊고, 우리 내면까지 파고들었다. 우리는 불안에 사로잡힌 미치광이처럼 글을 쓴다. 우리가 직면한 현대인의 삶은 너무도 복잡해 엄청난 에너지 소비를 요구한다. 그래서 우리는 안달복달하며 숨을 헐떡이고, 끝없는 불안감에 사로잡혀 지낸다. 말과 글도 이런 우리 감정을 고스란히 드러낸다.

결과를 바탕으로 원인을 추적해서, 우리에게 주어진 경고가 무엇인지 알아보자. 과장해서 표현하는 습관에서 기대할 수 있는 좋은 점이 있을까? 과장된 표현은 본연의 감정을 엉터리로 해석한다. 과장된 표현은 우리 자신의 마음 상태만이 아니라 주변 사람들의 마음 상태까지 왜곡하는 행위에 불과하다. 과장해서 말하는 사람들과는 상호 이해를 기대하기도 불가능하다. 격정적인 성격, 격렬하지만 아무런 성과도 없는 논쟁, 신중하지 못한 성급한 판단, 심각할 정도로 극단적인 교육과 사회적 관계 등 이 모든 것이 '과장된 언어 표현'에서 비롯된 안타까운 결과물이다.

지금까지 우리는 '단순하게 말하기'의 필요성에 대해 살펴보았다. 어떻게 하면 '단순하게 말하기'라는 바람직한 결과를 얻어낼 수 있을까?

첫째로는 문학의 단순함이 필요하다. 문학의 단순함은 비상식적인 것에 시달리고 혹사당해 무감각해진 우리 영혼을 치유하기 위한 최선책의 하나이기도 하지만, 사회적 화합을 위한 확실한 수단이기도 하다.

둘째로는 예술의 단순함도 필요하다. 문학과 예술은 많은 교육을 받고 살림살이도 넉넉한 소수의 전유물이란 인식이 팽배하지만 실제로는 그렇지 않다. 게다가 내 말뜻을 오해하지 않기를 바란다. 시인과 소설가와 화가에게 산꼭대기에서 내려와 산 중턱을 걸으며 평범한 것에 만족하라는 뜻은 아니다. 오히려 더 높은 곳까지 올라가라는 뜻이다. 민중의 일원이 된다는 것은 흔히 '민중'이라 일컬어지는 사회적 계급의 취향에 맞춘다는 뜻이 아니다. 사회적 계급을 초월해서 모두에게 공통되고, 모두를 하나로 통합해주는 것이 진정으로 민중을 위한 것이다.

단순한 예술의 잉태를 돕는 영감의 근원은 우리의 깊은 내면에 있다. 그 깊은 내면은 끝없이 이어지는 삶이란 현실이며, 그런 현실 앞에서 우리 모두는 평등하다. 누구나 이해하는 민중 언어는 인간의 기본적인 감정과 대략적인 운명을 단순하면서도 강렬하게 표현해주는 소수의 표현 방식에서 찾아내야 한다. 그 소수의 표현 방식에 진실과 설득력, 장엄함과 불멸성 등 모든 것이 있다. 이상적인 경우라면, 젊은이들은 아름다움을 추구하는 신성한 불길이 내면에서 활활 타오르는 걸 느끼며 측은지심에 사로잡혀, "나는 평범한 것을 혐오한다 Odi profanum vulgus"라는 오만한 격언보다 "군중을 보시고는 그들을 측은히 여기셨다 misereror super turbam"란 한층 인간적인 말을 더 좋아하기 마련이다. 나는 예술에 문외한이지만, 예술적 재능을 하늘로부터 받은 사람들에게 다음과 같이 목소리를 높여 말할 권리가 있다.

"세상에서 잊혀진 사람들을 위해 일하십시오. 배우지 못한 평범한 사람들도 이해할 수 있는 작품을 쓰십시오. 그렇게 할 때 여러분은 해방과 평화에 기여하는 업적을 남긴 것이며, 단순함으로 천재성을 드러내는 방법을 알았던 까닭에 단순하게 보이는 창작물로 그 시대에 도전하고 저항하던 옛 대가들의 비밀 상자를 다시 열어젖힌 것입니다."

단순한 의무

•

듣기 싫은 잔소리를 하면 아이들은 지
붕 위에서 어린 새끼에게 먹이를 주는 비둘기를 가리켜 보이거나,
길에서 말을 구박하며 학대하는 마부를 가리킨다. 때로는 부모가
머리를 감싸 쥐게 하는 걱정스러운 질문을 심술궂게 던지기도 한
다. 아이들은 괴로운 문제를 잠시라도 잊으려고 이렇게 반응하는
것이다. 우리도 우리에게 주어진 의무에 대해서는 몸집만 커다란
어린아이가 아닐까? 또 우리가 의무라는 문제를 머릿속에서 지워버
리려고 이런저런 핑곗거리를 찾고 있는 것은 아닌지 걱정스럽다.
　가장 흔한 핑곗거리라면 정말 의무라는 게 있는지, 혹은 의무라
는 단어가 우리 윗세대가 빚어낸 수많은 환상 중 하나에 불과한 것
은 아닌지 의문을 제기하는 것이다. 결국 의무는 자유를 전제로 하

고, 자유라는 문제는 우리를 형이상학적 영역까지 끌고 가기 때문이다. '자유의지'라는 중대한 문제를 먼저 해결하지 않고 어떻게 우리가 의무에 대해 왈가왈부할 수 있겠는가? 이런 의문의 제기에 이론적으로는 반박할 여지가 없다. 우리 삶이 하나의 이론이라면, 따라서 우리가 이 땅에 존재하는 이유가 완벽한 우주 시스템을 만들어내기 위한 것이라면, 자유의 존재를 입증하고 자유의 조건과 한계를 명확히 규정하지도 않은 채 의무에 대해 언급한다는 것은 어불성설인 듯하다.

그러나 삶은 이론이 아니다. 다른 점에서도 그렇지만 삶은 '실천윤리'라는 점에서도 이론에 앞서는 것이며, 삶이 이론에 자신의 자리를 양보했다고 믿을 만한 근거는 전혀 없다. 게다가 우리가 알고 있는 모든 것이 그렇듯이, 자유도 상대적인 것이다. 그럼에도 불구하고 이 상대적인 자유와 그 존재에 대해서도 의문을 제기하는 의무는, 우리가 우리 자신과 주변 사람들에 대해 내리는 모든 판단의 기초가 된다. 따라서 우리는 각자의 행위와 행동을 책임져야 할 주체로서 서로를 대한다.

열정적인 이론가는 이론의 한계를 고려하지 않기 때문에, 다른 사람들의 행동을 평가하고 적들을 견제하는 조치를 취하는 데 조금의 거리낌도 없다. 심지어 마뜩잖은 행동을 일삼는 까닭에 호되게 질책받아 마땅한 사람들에게도 엉뚱하게 아량과 정의를 베풀라고 호소하기도 한다. 우리는 시간과 공간이란 개념을 떨쳐낼 수 없듯이 도덕적 의무도 저버릴 수 없다. 우리가 지나가는 공간과 움직임을 측정하는 시간을 어떻게 규정해야 하는지도 모른 채 걸어나가듯이, 깊이 감추어진 도덕적 의무의 근원이 무엇인지도 확실히 모른 채 도덕적 의무에 따라야 한다. 도덕률을 존중하든 안 하든 간에 우리는 도덕률의 지배를 받는다. 일상의 삶을 지켜보면, 명백한 의무를 다하지 못한 사람에게 우리는 사정없이 돌을 던진다. 그 사람이 아직 철학적 확신에 이르지 못했기 때문에 의무를 다하지 못한 것이라 말하더라도 달라지는 것은 없다. 모두가 그에게 "우리는 무엇보다 인간입니다. 먼저 당신의 본분을 다하십시오. 시민으로서, 아버지로서, 아들로서의 의무를 다하십시오. 그런 후에 철학적 명상을 다시 계속하십시오"라고 말할 것이며, 이 말은 백번 천 번 옳다.

하지만 이 말의 뜻을 잘 이해해야 한다. 도덕성의 기초에 대한 철학적인 탐구와 세심한 연구를 멀리하자는 것은 아니다. 우리로 하여금 이 중대한 문제에 다시 관심을 갖게 만드는 사상이 있다면, 그런 사상은 결코 무익할 수도 없고 하찮은 것일 수도 없다. 사상가에게 도덕성의 기초가 무엇인지 알아낸 후에야 정직한 행위나 부정직한 행위, 용감한 행위나 비겁한 행위 등 인간미가 풍기는 행위를 할 수 있다고 다그칠 수야 없지 않은가. 그래도 지금까지 철학적 사색을 해본 적이 없는 진실하지 못한 사람들이나, 우리가 실질적으로 범한 잘못을 합리화하려고 철학적 의혹 상태를 핑곗거리로 내세우는 우리 자신에게 제시하기에 적합한 반론을 공식처럼 만들어두고 싶기는 하다. 요컨대 우리가 인간이라는 것은 명백한 사실이기 때문에, 긍정적으로든 부정적으로든 의무를 이론화하기 전에 우리가 인간답게 행동해야 한다는 것은 불변의 원칙이다. 누구도 이 원칙을 저버릴 수는 없다.

그러나 우리가 이와 유사한 반론에서도 어떤 효과를 기대한다면 인간의 마음에 잠재된 능력을 제대로 파악할 수 없을 것이다. 이런 반론 자체가 반박할 수 없는 것이더라도 소용이 없다. 다른 의문이 생기는 것까지 막을 수는 없기 때문이다. 우리가 의무를 피하려고 내세울 수 있는 핑곗거리는 해변의 모래나 하늘의 별만큼이나 많다.

우리는 모호한 의무, 까다로운 의무, 모순되는 의무 등을 핑계로 삼는다. 물론 우리에게 고통스러운 기억을 되살려주는 말들이 있다. 의무를 다하면서도 자신의 길을 의심하고, 어둠 속에서 길을 찾으려고 애쓰며, 이런저런 의무의 상반된 요구에 어떻게든 부응하려고 노력하고, 우리 능력을 넘어서는 까닭에 감당하기 힘든 부담스러운 의무를 맞닥뜨려야 하는 경우보다 더 힘든 때가 있을까? 그러나 그런 상황은 어김없이 닥친다.

　그렇다고 적잖은 사건에 존재하는 비극적인 면이나, 적잖은 사람들이 삶에서 겪는 번민을 부정하거나 반박하고 싶은 것은 아니다. 하지만 의무감이 그런 갈등 상황에서 명백히 나타나거나, 먹구름을 가로지르는 번개처럼 고통받는 마음에서 샘솟는 경우는 무척 드물다. 이처럼 마음을 뒤흔들어놓는 상황은 극히 예외적이다. 이런 상황이 닥치더라도 우리가 흔들리지 않는다면 천만다행이다. 하지만 돌풍에 떡갈나무의 뿌리가 뽑히거나 여행자가 한밤중 낯선 길에서 발을 헛디디거나, 혹은 군인이 양쪽에서 협공을 당해 패하더라도 누구도 놀라지 않듯이, 거의 초인적인 자제력이 요구되는 도덕적 갈등에 패한 이를 무작정 비난할 사람은 어디에도 없을 것이다. 수적으로 우세한 상대에게 패하고, 온갖 장애물로 압도당했다고 부끄럽게 생각할 필요가 없다.

　그래서 막연하거나 복잡한 의무, 혹은 모순되는 의무라는 방패 뒤로 숨는 사람들을 대신해 변명을 해보려 한다. 결국 오늘 내가 말하려는 것은 그런 의무가 아니다. 나는 그들에게 단순한 의무에 대해 말해주고 싶다. 쉬운 의무라고 말할 수도 있겠다.

　우리는 매년 서너 번쯤 성대한 축제일을 맞이하지만, 대부분의 경우는 평범한 날들의 연속이다. 또 모호하기 이를 데 없는 문제로 극심한 다툼을 벌이는 경우보다는, 단순하면서도 명백한 의무를 수행하는 날들이 더 많다. 그런데 성대한 모임에서는 그럴싸하게 옷을 갖추어 입으면서, 작은 행사에서는 뭔가를 빠뜨린 것처럼 보일 때가 많다. 나는 "단순한 의무를 다하고 기본적인 정의부터 행사하는 것이 무엇보다 중요하다!"라고 말하고 싶다.

일반적으로 삶의 활력을 잃어버린 사람은 어려운 의무를 제대로 해내지 못했거나 불가능한 일을 완수하지 못했기 때문이 아니라, 단순한 의무를 완벽하게 해내는 걸 등한시하기 때문에 활력을 상실한다. 예를 들어 설명해보겠다.

사회의 최하층까지 내려가 보면 육체적이고 정신적으로 참담한 지경에 빠진 사람들을 어렵지 않게 만나게 된다. 그들의 주변을 더 자세히 살펴볼수록 더 많은 상처가 눈에 띄고, 결국에는 그 비참한 사람들의 세계가 거대한 암흑세계로 보인다. 그 비참한 사람들을 구원해야 한다는 압박감을 느끼지만 '그런들 무슨 소용이 있겠는가?'라는 생각을 떨칠 수 없는 것도 사실이다. 이런 때가 정말 괴롭다. 절망감에 아무것도 하지 않으며 이런 괴로움을 해소하려는 사람도 적지 않다. 이런 사람들은 아무런 결실을 맺지 못하지만, 그렇다고 동정심이나 선의가 부족한 것은 아니다. 그래도 그들은 잘못

처신하는 것이다. 큼직한 선행을 베풀 만한 여력을 가진 사람은 많지 않더라도, 이런저런 이유에서든 작은 선행까지 등한시해도 괜찮은 것은 아니다.

많은 사람들이 작은 선행에는 관심을 기울이지 않는다. 그것 말고도 할 일이 태산처럼 많다는 게 이유이다. 하지만 우리는 단순한 의무를 기억해야 한다. 이 경우에서 단순한 의무는 무엇일까? 우리가 개개인의 능력과 자원, 여유로운 시간을 활용하여, 혜택을 받지 못한 불우한 사람들과 이런저런 관계를 맺는 것이다. 권력자의 측근들에게 자신을 알리고, 국가 지도자들의 모임에 교묘히 파고드는 데도 약간의 의지만 있으면 된다. 그런데 가난한 사람들과 관계를 맺고, 필수품이 부족한 노동자들과 어울리지 못할 이유가 어디에 있는가? 몇몇 가족에 대해 그들의 과거와 아픔과 어려움을 알게 되면 우리는 각자의 능력 범위 내에서 할 수 있는 것을 하면 된다.

예컨대 정신적이고 물질적인 지원의 형태로 형제애를 보여주는 것만으로도 그들에게는 큰 도움이 될 수 있다. 물론 작은 선행을 베푼 것에 불과할 수 있다. 하지만 당신의 능력 범위 내에서 가능한 일을 한 것이며, 다른 사람들에게도 각자의 능력 범위 내에서 가능한 일을 해보라고 권유할 수 있을 것이다. 우리 사회에는 가난과 음험한 증오, 불화와 반목이 득세한다는 걸 확인하는 데 그치지 않고,

당신의 작은 선행을 통해 이 사회에 작은 빛이 될 수 있을 것이다. 당신을 흉내 내며 작은 선행을 베푸는 사람이 조금이라도 늘어난다면, 선행은 눈에 띄게 증가하고 악은 크게 줄어들 것이다. 설령 당신만이 선행을 베풀더라도 당신이 합리적인 행동, 즉 당신에게 주어진 단순하고 순수한 의무를 다했다는 사실에는 변함이 없을 것이다. 또한 당신은 그렇게 행동함으로써 올바른 삶의 비밀 중 하나를 깨닫게 된 것이다.

인간은 원대한 것을 꿈꾸지만, 큰일을 할 기회가 자주 주어지는 것은 아니다. 설령 그런 기회가 주어질 때도 끈질긴 준비가 되어 있는 경우에만 확실한 성공이 가능하다. 작고 사소한 것에 충실할 때 큰일도 이루어낼 수 있는 법인데, 우리는 그런 진리를 잊고 살아간다. 힘든 시기를 맞거나 삶의 위기를 맞았을 때 반드시 알아야 할 진리가 있다면, 바로 이것이다. 난파를 당했을 때 작은 나무판 하나에 의지해 목숨을 구할 수 있지 않은가. 삶의 과정에서 격랑을 맞아 모든 것이 산산조각 난 것처럼 여겨지더라도 이 보잘것없는 작은 파편들 중 하나가 우리를 구해주는 구명 튜브가 될 수 있다는 걸 기억해야 한다. 물론 하나를 붙잡았다고 나머지를 무시해서는 안 된다.

예컨대 당신이 파산했다고 해보자. 사랑하는 사람을 잃은 아픔을 겪고 있다거나, 오랫동안 노력해 얻은 결실이 눈앞에서 사라졌다

고 해도 상관없다. 여하튼 당신의 재산을 되찾거나, 사랑하는 사람
을 되살리고 헛되이 사라진 것을 되돌릴 수는 없다. 이런 황망한 상
황 앞에 당신은 낙담하여 집을 청소하지도 않고, 자식들을 제대로
돌보지도 않는다. 물론 자신에게도 관심을 갖지 않는다. 이런 반응
은 충분히 용서되며, 누구나 이해할 수 있는 모습이다. 그러나 정말
위험한 짓이다! 이처럼 낙담하고 체념만 하고 있으면 상황을 더욱
악화시킬 뿐이다. 이제 잃을 것이 없다고 생각하면, 바로 그런 생각
때문에 아직 당신에게 남아 있는 것까지 몽땅 잃게 된다.

당신에게 남아 있는 작은 부스러기들을 빠짐없이 모아라. 당신에
게 남은 사소한 것을 소중히 생각하며 정성껏 간수하라. 오래지 않
아, 그 작은 것들이 당신의 마음을 달래줄 것이다. 노력을 게을리하
면 그 대가를 호되게 치르게 되는 것처럼, 정성껏 노력하면 구원의

손길이 당신을 향할 것이다. 가령 당신에게 몸을 겨우 기댈 나뭇가지 하나만이 남아 있더라도, 그 나뭇가지에 의지하라. 당신만이 외롭게 남아, 곧 사라질 듯한 대의大義를 옹호하고 있더라도 무기를 버리고 도망치는 사람들과 함께하지 마라. 대홍수가 있은 후에는 외톨이가 되었던 사람들이 다시 땅의 주인이 된다. 목숨이 한 가닥의 실에 매달리는 경우가 있듯이, 때로는 미래가 한 사람의 머리에 의존하기도 한다. 역사와 자연에서 배우고 영감을 얻어라. 역사와 자연이 힘겹게 지나온 과정을 통해 우리는 번영이나 재앙이나 지극히 사소한 것에서 시작되며, 하찮은 것이라고 소홀히 하는 것은 현명하지 못한 짓이고, 무엇보다 끈기 있게 기다리며 다시 시작할 방법을 알아야 한다는 교훈을 얻게 될 것이다.

단순한 의무에 대해 말할 때마다 나는 군대 시절을 떠올리지 않을 수 없다. 군대는 삶이란 위대한 전장의 투사들에게 많은 본보기를 보여주기 때문이다. 전투에서 패했다고 군복을 깨끗이 솔질하지 않거나 총을 닦지 않고 규율을 등한시하는 군인이 있다면, 군인의 의무를 제대로 이해하지 못한 사람이다. "그래 봤자 무슨 소용인가?"라고 반문할 사람도 있을 것이다. 그래 봤자 무슨 소용이냐고? 패전의 아쉬움에 절망과 무질서와 낙담을 더하는 게 정말 별것이 아니라고 생각하는가? 그렇지 않다! 괴로운 순간에는 아주 작은 용기가 어둠을 밝히는 빛이 된다는 걸 잊어서는 안 된다. 그런 작은 행위가 살아 있다는 신호이며, 희망을 잃지 않았다는 증거이다. 누군가 그런 행위를 할 때 주변 사람들도 모든 것을 상실한 것은 아니라는 걸 즉각 깨닫게 된다.

1813~1814년의 한겨울, 매서운 추위와 싸우며 프랑스군이 퇴각하던 때 옷차림을 깨끗이 유지하는 게 거의 불가능한 상황이었지만, 어느 날 아침 한 장군이 깔끔하게 면도하고 제복을 완벽하게 갖춰 입은 모습으로 황제 나폴레옹 1세 앞에 출두했다. 패주하던 와중에도 열병식을 앞둔 때만큼이나 정성껏 차려입은 장군의 모습을 보고 황제는 "오, 장군. 그대야말로 진정으로 용기 있는 장군이오!"라고 칭찬했다고 전해지지 않는가.

단순한 의무는 가까이 있는 것에 대한 의무이기도 하다. 많은 사람들이 가까이 있는 것에는 흥미를 느끼지 못하고, 가까이 있는 것을 높이 평가하지도 않는다. 반면에 멀리 있는 것에는 매력을 느끼고 관심을 갖는다. 불필요할 정도로 과도한 열정을 쏟기도 한다. 우리는 인류와 공익에 관련된 문제, 또 멀리 떨어진 곳의 불행에 열중하며 저 멀리 지평선 끝자락에서 우리를 유혹하는 경이로운 것에 시선을 고정한 채 삶을 살아가느라, 바로 옆을 지나가는 사람의 발을 밟거나 팔꿈치가 부딪쳐도 그에게 눈길조차 던지지 않는다.

이상하게도 우리는 바로 옆에 있는 것을 제대로 보지 못한다! 폭넓게 책을 읽고 여행도 많이 했다는 사람들 중에도 같은 나라 사람을 제대로 알지 못하는 사람이 많다. 평범한 인물은 고사하고 위대한 인물조차 모른다. 그들은 많은 사람들이 땀 흘려 일한 덕분에 살아가지만, 그 사람들의 운명에 대해서는 무관심하다. 그들에게 지식과 교양을 가르쳐준 사람들, 그들을 다스리는 사람들, 그들에게 도움을 주고 필요한 것을 채워주는 사람들, 이런 사람들이 그들의 관심사가 아니다. 그들을 대신해 어디에서나 일하는 사람들, 결국 우리와 떼려야 뗄 수 없는 사회적 관계를 맺고 있는 사람들에 대해 모른다는 것은 그야말로 배은망덕이고 몰지각한 행동이지만, 그들은 이렇게 생각해본 적도 없을 것이다.

이보다 더 심한 사람들도 적지 않다. 예컨대 남편에 대해 전혀 모르는 여자, 반대로 부인에 대해 전혀 모르는 남자가 있다. 물론 자식에 대해서 거의 모르는 부모도 많다. 그런 부모들은 자식이 어떻게 성장하고 어떤 생각을 하며, 어떤 위험한 짓을 꿈꾸고, 어떤 희망을 품고 있는지 전혀 모른다. 물론 많은 자식들도 부모에 대해 잘 모르며, 부모가 가족을 부양하기 위해 얼마나 힘겹게 생활하는지 진지하게 생각해본 적도 없고, 부모의 의도를 헤아려본 적도 없다.

•

이것은 모든 관계가 뒤틀어진 불우한 가정에 대해 말하는 게 아니다. 성실한 사람들로 이루어진 보통의 가정에 대해 말하고 있는 것이다. 그들 모두가 다른 것에 정신을 팔린 탓에 가까운 가족에게는 관심을 갖지 않는다.

멀리 떨어진 것에 대한 의무가 매력적으로 보이는 건 부인할 수 없는 사실이다. 여하튼 그들은 멀리 떨어진 것에 대한 의무에 마음을 온통 빼앗겨 가까이 있는 것에 대한 의무를 의식하지 못한다. 개인적으로 나는 그들이 헛수고하는 게 아닐까 두렵다. 기본적인 활동은 가까이 있는 것에 대한 의무를 다하는 것이기 때문이다. 이런 기본을 소홀히 하면, 우리가 멀리에서 시도하는 모든 것이 위태로워질 수 있다.

따라서 당신의 조국과 당신의 도시, 당신의 가정과 당신의 교회, 또 당신의 일터에서 먼저 시작해야 한다. 가능하면 가까운 곳에서 시작하여 먼 곳으로 한 걸음씩 나아가야 한다. 그래야 참되고 자연스러운 순서이다. 그런데 인간은 애써 엉뚱한 이유를 들먹이며 정반대의 방향으로 행동한다. 의무의 순서를 혼동한 결과로, 많은 사람들이 온갖 일에 관여하면서도 정작 그들에게 요구되는 의무에는 무관심하다. 모두가 자신과는 무관한 일에 푹 빠져 자신의 직분과 역할을 잊어버린다. 이 때문에 삶이 복잡해지는 것이다. 하지만 모두가 자신과 관계된 의무에 충실한다면 삶 자체가 단순해질 수 있다.

또 다른 형태의 단순한 의무가 있다. 만약 어떤 손해가 발생한다면 누가 그 손해를 보상해야 할까? 물론 손해를 끼친 사람이 보상해야 한다. 당연한 대답이지만, 현실과 맞지 않는 이론에 불과하다. 이 이론에 맞추려면, 손해를 끼친 범인을 찾아내서 보상을 받아낼 때까지 손해를 그대로 내버려 두어야 한다. 그런데 범인을 찾아내지 못하면 어떻게 해야 하는가? 범인을 찾아내더라도 범인이 손해를 보상할 능력도 없고, 보상할 마음도 없다면 어떻게 해야 하는가?

가령 깨진 기와지붕의 틈새로 빗물이 떨어지거나, 깨진 유리창을 통해 바람이 불어닥친다고 해보자. 당신이라면 지붕이나 유리창을 깬 범인을 찾아낸 후에야 기와장이와 유리장수를 찾아 나서겠는가? 정상적인 사람이라면 그렇게 행동하지 않을 것이다. 하지만 이런 일이 현실에서 자주 일어나고 있다. 어린아이들이 관련된 상황이면 아이들이 화를 내며 "내가 던진 거 아니에요. 근데 내가 왜 주워야 해요!"라고 소리칠 것이다. 대부분의 어른들도 이런 식으로 생각한다. 하기야 논리적인 생각이기는 하다. 그러나 이런 논리에 따라 세상이 움직이지는 않는다.

그런데 우리가 알아야 하는 것, 즉 우리 삶에서 매일 되풀이되는 현상에 따르면, 손해를 끼친 사람과 그 손해를 복구하는 사람이 다르다는 것이다. 파괴하는 사람과 다시 건설하는 사람이 다르다. 더럽히는 사람과 깨끗이 청소하는 사람이 따로 있다. 싸움을 선동하는 사람과 싸움을 말리는 사람이 따로 있다. 눈물을 흘리게 하는 사람이 있는 반면에, 슬픔을 위로해주는 사람이 있다. 부정하게 살아가는 사람이 있는 반면에, 정의를 위해 목숨을 바치는 사람이 있다. 가혹한 법이 시행되기에 구원이 필요하다. 이것도 역시 논리적이다. 하지만 현실의 논리 앞에서 이론의 논리는 무색해진다. 여기에서 얻어지는 결론은 의심의 여지가 없다. 단순한 마음을 가진 사람이라면 다음과 같은 결론을 끌어낼 것이다.

해악한 행위가 행해지면 그 행위를 지체 없이 보상하는 게 중요하다. 범인이 보상에 기꺼이 동참하면 다행이지만, 경험에 따르면 범인의 협조를 기대하지 않는 편이 낫다.

아무리 단순한 의무라도 그 의무를 해낼 만한 힘이 있어야 한다. 그 힘은 무엇으로 이루어지고, 또 어디에 있는 것일까? 이 질문에 답하려면 한도 끝도 없을 것이다. 외부의 압력으로만 여겨지는 한 의무는 인간에게 적이고 귀찮은 것이다. 그래서 의무가 문을 열고 들어오면 우리는 창문으로 빠져나가고, 의무가 창문을 막으면 우리는 지붕을 뚫고 달아난다. 의무가 밀려오는 게 확실하게 보일수록 우리는 어떻게든 의무를 피해간다. 교활한 도둑은 언제나 경찰을 능숙하게 피해 다닌다는 점에서, 의무는 공권력과 사법기관을 대리하는 경찰에 비유된다. 안타깝게도 경찰은 도둑을 체포하는 데 성공하더라도 기껏해야 경찰서에 끌고 갈 수 있을 뿐이지, 그를 올바른 길로 인도하지는 못한다. 인간이 자신에게 주어진 의무를 수행하려면, "이렇게 하라, 저렇게 하라. 이것을 피하라, 저것을 피하라, 여하튼 조심해!"라고 말하는 힘이 아닌 다른 힘이 있어야 한다.

바로 내적인 힘, 사랑이 필요하다. 자신의 직업을 싫어해서 자신에게 주어진 역할을 시큰둥하게 여기는 사람이 있다면, 지상의 어떤 힘도 그에게 그 일을 재밌고 활기차게 만들어줄 수 없다. 그러나 자신의 역할을 좋아하는 사람은 자발적으로 움직인다. 그에게 이렇게 일하라, 저렇게 일하라 간섭하는 것은 쓸데없는 짓이며, 딴짓을 하도록 그를 유혹하는 것도 불가능할 것이다. 이 원칙은 누구에게나 똑같이 적용된다. 중요한 것은 우리의 막연한 운명에서도 신성하고 영원히 아름다운 것을 느꼈다는 것이다. 또한 일련의 경험을 통해 고통과 희망이 동시에 존재하기에 삶을 사랑하고, 불행한 존재이면서도 고결한 존재인 까닭에 인간을 사랑하며, 감성과 지성과 영혼으로 인류의 일원이 되기로 결심하게 된 것도 중요하다. 바람이 돛을 지배하며 범선의 방향에 영향을 주듯이, 어떤 미지의 힘이 우리를 지배하며 연민과 정의가 있는 곳으로 끌어간다. 이 강력한 힘에 순응하며 우리는 "달리 방법이 없다. 나보다 훨씬 강한 힘이다!"라고 말한다. 동서고금을 통틀어 인간은 자신보다 훨씬 강하지만 자신의 내면에 있는 힘을 이런 식으로 표현해왔다. 그 한없이 고결한 것은 우리 내면에 존재하지만 우리를 초월하는 신비로운 힘의 표현으로 여겨진다.

사랑이란 그 고결한 감정은 위대한 사상이나 위대한 행위처럼 영감의 산물이다. 나무가 녹색으로 물들고 열매를 맺는 이유는 땅속에서부터 생명력을 끌어올리고 태양으로부터 햇빛과 열을 받기 때문이다. 이와 마찬가지로 인간이 자기만의 작은 공간에서, 즉 무지와 과실로 뒤덮인 공간에서 자신의 역할을 성실히 몰두한다면, 그 이유는 영원한 자비의 원천과 교감하고 있기 때문이다. 이 신비로운 힘은 무수히 다양한 형태로 나타난다. 때로는 억누를 수 없는 열정으로, 때로는 한없이 부드러운 손길로 나타난다. 때로는 악을 공격해 파괴하는 전투력으로, 때로는 길가에 버려진 채 잊혀진 생명을 구하려는 어머니의 마음으로, 때로는 겸손한 자세로 지루한 연구를 끈질기게 계속하는 자세로 나타난다. 그 신비로운 힘과 관련된 것은 어느 것이나 고유한 징표가 있고, 그 신비로운 힘으로부터 활력을 얻은 사람은 우리가 그 힘 덕분에 존재하고 살아간다는 것을 깨닫는다. 따라서 그 힘을 섬김으로써 그들은 행복을 얻고, 동시에 보상까지 받는다. 그들은 그 힘의 도구로 쓰인다는 것에 만족하며, 그 역할의 외적인 화려함에는 신경 쓰지 않는다. 어떤 것도 그 자체로는 위대한 것도 아니고 하찮은 것도 아니며, 우리 행위와 삶은 그 안에 스며든 정신에 의해서만 가치가 결정된다는 것을 잘 알고 있기 때문이다.

욕구를 단순화하라

.

우리가 새 장수에게 새를 사면, 그는 우리의 새로운 식구에게 무엇이 필요한지에 대해 간략하게 설명해준다. 관리법과 먹이 등 새에게 필요한 모든 것이 몇 마디로 요약된다. 이와 마찬가지로, 대부분의 사람에게 반드시 필요한 것을 정리하면 짤막한 몇 줄로도 충분할 것이다. 예를 들어 인간의 식사법은 지극히 단순하다. 이 식사법을 유지한다면 우리는 대자연의 온순한 자녀로서 건강히 지낼 수 있다. 하지만 이 단순한 식사법에서 멀어지기 시작하면 건강을 해치고 병이 생기며, 즐거움도 사라진다. 자연에 가까운 단순한 삶만이 우리 몸을 건강하게 유지해줄 수 있다. 그런데 이 기본적인 원칙을 기억하지 못하는 까닭에 우리는 깊고 깊은 수렁에 빠지는 것이다.

물질적으로 최적의 조건에서 살려면 우리에게 무엇이 필요할까? 상하지 않은 음식, 간편한 옷, 쾌적한 집, 맑은 공기와 약간의 운동이다. 그렇다고 위생에 대해 자세히 언급하고, 식단을 오밀조밀하게 짜며, 주거 형태와 옷의 재단에 관해 설교를 늘어놓으려는 것은 아니다. 바람직한 삶의 방향을 제시하고, 단순함이란 원칙하에 삶을 정리하면 어떤 이점이 있는지에 대해 설명하려는 게 내 목적이다.

단순함이란 원칙이 우리 사회에 여전히 부족하다는 걸 확인하려면, 각계각층의 사람들이 어떻게 살아가고 있는지 둘러볼 필요가 있다. 각양각색의 환경에서 살아가는 사람들에게 "당신이 삶을 영위하는 데 반드시 필요한 것은 무엇입니까?"라고 물어보라. 그들이 어떻게 대답할지 충분히 짐작할 수 있을 것이고, 그 대답에서 많은 것을 알아낼 수 있을 것이다.

파리 토박이에게 큼직한 대로들로 경계 지어진 지역을 벗어난 삶은 존재할 수 없다. 파리에만 호흡하기에 적합한 공기, 따사로운 햇살과 정상적인 기온, 고전적인 요리 등 삶에 필요한 많은 것이 있으며, 그런 것이 없는 곳이라면 이 지구를 산책할 가치도 없다고 생각할지 모른다.

부르주아 계급에게 삶에 반드시 필요한 것이 무엇이냐고 묻는다면, 야망과 교육의 정도에 따라 대답하는 돈의 숫자가 달라질 것이다. 교육은 흔히 외적으로 드러나는 삶의 모습, 즉 의식주의 형태에 따라 달라진다. 연금이나 소득 혹은 급여가 어느 수준을 넘어야 생활이 가능한지 헤아려 그 이하이면 불가능하다고 생각한다. 실제로 재산이 나름대로 정한 최소한의 수준 이하로 떨어졌다는 이유로 자살하는 사람들도 있었다. 쪼들리며 사느니 죽는 편이 낫다고 생각하기 때문이다. 하지만 그들을 절망에 빠뜨린 그 최소한의 수준이 다른 사람들, 예컨대 욕심이 덜한 사람에게는 그런대로 받아들일 만했고, 검소한 사람에게는 선망의 수준이었을 수 있다는 걸 기억해야 한다.

높은 산에서는 고도에 따라 식물의 분포가 다르다. 일반적인 경작지, 숲과 목초지, 바위가 노출된 지역, 빙하 지역이 있다. 일정한 지대를 넘어서면 밀은 보이지 않지만 포도나무는 여전히 싱싱하게 자란다. 떡갈나무는 상당히 낮은 지역에서 끝나고, 전나무는 높은 지대에서도 잘 자란다. 인간의 삶과 필수품의 관계는 식물의 분포 현상과 유사한 듯하다.

상당한 재산을 가진 사람들의 모임에는 금융가, 사교계를 출입하는 부유한 남자와 여자, 상당수의 하인과 마차 그리고 도시와 시골에 각각 여러 채의 저택과 별장을 보유한 사람들이 모인다. 그 아래에는 중산층, 그러니까 나름대로의 고유한 풍습과 기품을 지닌 집단이 있고, 더 아래에는 그럭저럭 여유 있게 살아가는 집단들이 상중하로 다시 나뉘어진다. 여하튼 살아가는 수준이 상당히 다른 집단들이 존재한다. 거의 바닥에는 하층계급, 숙련공과 노동자와 농민, 일반 서민들이 북적대며 아등바등 살아간다.

이처럼 사회를 구성하는 다양한 영역에서 인간은 살아가고, 어디에서 살고 있더라도 모두가 인간이란 점에서는 똑같다. 그런데 똑같은 사람이지만 반드시 필요하다고 생각하는 것들이 놀라울 정도로 다르다. 동일한 과(科)에 속한 식물들이나 동물들에게 필요한 것은 똑같다. 그런데 인간의 삶에서는 그렇지 않다. 우리가 삶에 반드시 필요하다고 생각하는 것이 계급에 따라 달라진다.

많은 것을 원하며, 그 욕망을 충족시키려고 노력하는 현상이 개인의 성장과 행복, 또 사회의 성장과 행복에 유익하고 유리한 것일까? 먼저 하등 생물과 비교해보겠다. 하등 생물은 기본적인 욕구만 충족되면 만족하고 살아간다. 인간 사회도 똑같을까? 그렇지 않다. 어느 수준에서 살더라도 사람은 나름대로 불만이 있다. 하지만 여기에서 나는 필수품조차 없는 사람의 경우는 제외하려 한다. 추위와 굶주림과 가난에서 비롯되는 불만을 하소연하는 사람들을 일반적인 불평분자와 동일시하는 것은 온당한 처사가 아니다. 따라서 나는 어쨌든 견딜 만한 조건에서 살아가는 사람들에게 초점을 맞추려 한다.

그들의 불만은 어디에서 오는 것일까? 충분하지만 소박하게 살아가는 사람은 물론이고, 상대적으로 풍요로운 삶을 사는 사람, 심지어 사회적 조건에서 최정상에 있는 사람도 불만을 완전히 떨쳐내지 못하는 이유가 무엇일까? '만족한 부르주아'라는 말이 주변에서 자주 들린다. 누가 그렇게 말하는 것일까? 겉모습으로 부르주아를 판단하며, 부르주아는 그런대로 만족하며 살 거라고 생각하는 사람들이다. 그런데 정작 부르주아는 자신들의 삶에 만족하고 있을까? 결코 그렇지 않다. 부유하고 만족하는 사람이 있다면, 그가 부자이기 때문이 아니라 만족하는 방법을 알기 때문이다. 짐승은 배가 채워지면 만족해 엎드려 잠을 잔다. 인간도 편하게 누워 한동안 잠을 잘 수는 있다. 그러나 이런 삶이 끝없이 지속되지는 않는다. 인간은 편안함에 익숙해지면 현재의 안락함을 지겹게 생각하며 더 큰 편안함을 원한다. 인간의 욕심은 먹는 것으로도 달래지지 않는다. 먹는 와중에도 욕심은 더 커진다. 이상하게 들리겠지만 누구도 부인할 수 없는 사실이다.

가장 불평이 많은 사람이 실제로는 만족한다고 말해도 좋을 정도로 가장 많이 지닌 사람이란 사실에서, 행복은 소유한 재산의 크기나 재산을 더 크게 키워가려는 열정에 있는 게 아니라는 게 입증된다. 모두가 이 진리를 마음에 새겨야 한다. 그렇지 않으면, 단호한 결심으로 욕망을 억제하지 못하면 자신도 의식하지 못하는 사이에 욕망의 비탈에서 굴러떨어질 수 있다.

먹고 마시기 위해 사는 사람, 멋진 옷을 입기 위해 사는 사람, 결국 자신에게 허락된 모든 것을 향유하려는 사람은 욕망의 비탈에 서 있는 사람이며, 그 비탈의 경사는 치명적이다. 햇살을 받으며 누워 있는 기생충 같은 사람, 술에 찌든 노동자, 식욕의 노예가 되어버린 부르주아, 몸단장에 열중하는 여자, 저속한 향락에 빠지거나 고급스런 향락을 즐기는 사람, 한마디로 물리적인 욕구에 쉽게 순응하는 향락주의자는 모두 이런 부류에 속하는 사람이다. 욕망의 비탈에서 굴러떨어지는 사람들은, 물체가 경사면에서 굴러떨어지는 법칙을 그대로 따른다. 끊임없이 되살아나는 환상의 포로가 되어 그는 '저것을 향해 마지막으로 몇 걸음만 더……. 그러고는 멈출 거야!'라고 생각한다. 하지만 관성이 그를 놓아주지 않는다. 한 걸음, 한 걸음을 더 떼어놓을수록 관성의 법칙을 이겨내기는 더욱 힘들어진다.

많은 현대인이 불안감과 고통에 시달리는 이유가 바로 여기에 있다. 우리 자신을 탐욕의 노예로 전락시킨 대가를 이제 호되게 치르고 있는 셈이다. 우리는 무자비한 야수의 욕망에 빠져 우리 살을 뜯어 먹고, 우리 뼈를 으깨며, 우리 피를 마시고도 결코 만족하지 못하는 것이다. 나는 지금 거창한 설교를 하려는 것이 아니다. 우리 삶이 무엇을 말하는지 귀담아듣고, 갈림길에서는 어김없이 반복되는 몇몇 진리를 기록해두려는 것이다.

음주벽이 새로운 술을 발명해낼 만큼 창의적이라고 해서 갈증을 해소하는 법을 찾아냈는가? 그렇지는 않다. 오히려 음주벽은 갈증을 유지하며 결코 해소할 수 없는 것으로 만드는 기술이라 말하는 편이 나을 것이다. 방탕함은 감각의 자극을 무디게 해주는가? 그렇지 않다. 방탕함은 오히려 감각을 더욱 자극하여 자연스러운 욕망마저 병적인 집착이나 강박관념으로 바꿔버린다. 당신의 욕망을 마음껏 폭발시켜보라. 그럼 욕망이 양지에 우글대는 벌레들처럼 커져가는 걸 확인할 수 있을 것이다. 이처럼 욕망은 채워질수록 더욱더 많은 것을 요구한다.

안락함에서만 행복을 찾으려는 사람은 무분별한 사람이다. 그것은 구멍이 뚫린 항아리를 채우려는 짓이나 다를 바가 없다. 수백만 프랑을 가진 사람에게는 수백만 프랑이 부족하고, 수천 프랑을 가진 사람에게는 수천 프랑이 부족하다. 하지만 고작 20프랑이나 5프랑이 없어 쩔쩔매는 사람도 있다. 또 암탉을 맛있게 먹은 사람은 다음에 거위를 원하고, 거위를 먹은 사람은 칠면조를 원한다. 욕망은 채워질수록 눈덩이처럼 커져 간다. 이처럼 욕망이 커져 가는 현상이 얼마나 해로운지 누구도 제대로 모르는 듯하다. 서민들은 부자들을 흉내 내고 싶어한다. 가난한 노동자들이 부르주아를 흉내 내고, 서민의 딸들이 부잣집 딸처럼 행동하며, 말단 직원들이 사교 클럽을 들락대는 부유한 회원을 흉내 낸다. 한편 부유하고 유복한 계급에 속한 사람들 중에도 자신이 지금 소유한 것으로 더 좋은 일을 해낼 수 있다는 걸 잊고 사는 사람이 부지기수다. 그들은 온갖 형태의 향락을 즐기기에 바쁘고, 나중에는 향락을 마음껏 즐기기에는 재산이 충분하지 않다고 아쉬워한다.

우리 욕망은 원래 우리를 돕는 하인이어야 하지만, 무절제하고 난폭한 폭도가 되었다. 욕망의 노예가 된 인간은 코에 코뚜레를 꿴 채 사육사의 뜻에 따라 움직이고 춤을 추는 곰과 다를 바가 없다. 결코 듣기 좋은 비유는 아니지만, 사실이란 걸 부인할 수는 없을 것이다. 많은 사람들이 여기저기를 돌아다니며 자유와 진보 등 멋진 개념에 대해 소리치고 떠벌리지만, 결국 그들도 자신의 욕망에 의해 길들여진 사람들이다. 그들은 자신의 행동을 욕망이란 주인의 뜻에 거스르지 않는지 따져보지 않고는 삶에서 한 걸음도 내딛지 못한다. 남녀를 불문하고 얼마나 많은 사람들이 지나친 욕망에 짓눌리고 단순하게 사는 데 만족하지 못한 까닭에 결국 점점 부정직한 짓까지 저질렀던가! 파리의 마자 감옥^{Prison Mazas}에는 지나친 탐욕의 위험에 대해 우리에게 한없이 길게 얘기해줄 수 있는 많은 수감자들이 있다.

내가 잘 알고 있는 한 선량한 남자의 이야기를 예로 들고 싶다. 그는 아내와 자식들을 무척 사랑했고, 땀 흘려 일한 덕분에 유복하게 지냈지만 아내의 사치스런 욕망까지는 채워주지 못했다. 조금만 검소하게 지냈다면 넉넉하게 살 수 있었지만 그는 항상 돈 부족에 시달렸고, 결국 가족을 프랑스에 남겨두고 더 많은 돈을 벌기 위해 멀리 떨어진 식민지로 떠났다. 그 불쌍한 남자가 먼 타국에서 어떤 생각을 하며 지내고 있는지 알 길은 없지만, 여하튼 가족들은 예전보다 더 좋은 아파트에 살며, 더 멋지게 치장하고, 마차와 비슷한 것까지 갖고 있어 지금은 무척 만족하고 있는 듯하다. 조만간 그들은 이런 초보적인 사치에 익숙해질 것이다. 그리고 어느 정도 시간이 지나면 부인은 가구가 평범하고, 마차가 초라하게 보인다고 생각할 것이다. 그 남자가 부인을 사랑한다는 건 의심할 여지가 없기 때문에 그는 더 많은 돈을 받을 수 있다면 달나라에라도 갈 것이다. 한편 정반대의 경우도 있다. 말하자면 아내와 자식들이 가장의 턱없는 욕망 때문에 희생되는 경우이다. 도박처럼 돈이 많이 드는 무분별한 짓에 몰두해 불규칙한 삶을 사는 가장이 있다면, 그는 자신의 욕망과 아버지로서의 역할 중에서 전자를 택함으로써 야비한 이기주의에 점점 빠져들게 된다.

이처럼 인간으로서의 품위를 망각하고 고결한 감정을 점차 잊어가는 현상은 향락을 추구하는 부자들에게서만 나타나는 것은 아니다. 서민도 이런 현상을 곧잘 보인다. 행복하게 지낼 수 있는데도 어머니는 밤낮으로 눈물과 고통으로 지내고, 자식들은 신발도 신지 못한 채 끼니를 걱정해야 하는 가난한 가정이 무수히 많다. 왜 그럴까? 아버지가 너무 많은 돈을 쓰기 때문이다. 지난 20년 동안 알코올이 삼켜버린 총액은 실로 어마어마하다. 1870년에 시작된 프로이센·프랑스 전쟁 배상금의 두 배에 달하는 액수이다. 그 부자연스런 욕구를 충족하려고 내던져진 것을 올바로 사용했다면 정당한 욕구를 얼마나 많이 충족시킬 수 있었을까? 욕망이 지배하는 공간은 상호부조가 존재하는 공간이 아니다. 오히려 정반대이다. 자신을 위해 많은 것을 가지려 한다면 이웃을 위해 많은 것을 해줄 수 없다. 혈연으로 맺어진 사람을 위해서도 해줄 수 있는 게 없다.

행복과 독립심, 섬세한 도덕심과 상호부조 정신이 점점 줄어드는 이유는 부정적인 욕망이 커져 가고 있기 때문이다. 물론 그 밖에 많은 거북살스런 이유가 있겠지만, 공공복지의 동요도 큰 이유 중 하

INSATABLE
DESIRE

안락함에서만 행복을 찾으려는 사람은
무분별한 사람이다.

나이다. 욕심이 지나친 사회는 현재를 중시하는 까닭에 현재를 위해 과거의 영광을 희생시키고, 현재를 위해 미래를 제물로 삼는다. 내가 죽은 뒤에 무슨 일이 일어나건 상관없다는 심보이다. 돈을 당겨쓰려고 숲을 벌채하고, 이삭도 패지 않은 밀을 먹어버리고, 오랫동안 땀 흘려 일한 결실을 하루 만에 파괴해버린다. 또 난방을 위해 가구를 불사르고, 현재의 순간을 즐기려고 미래로 빚을 떠넘긴다. 임시방편으로 살아가며, 고난과 질병, 파산과 질투와 원한의 씨를 내일에 뿌린다. 이처럼 미래로 불행을 떠넘기는 생활태도의 폐해를 하나씩 열거하자면 한도 끝도 없을 것이다.

하지만 우리가 욕망을 단순화하려고 노력한다면 이런 거북살스런 행위들을 멀리하는 동시에, 유익하고 바람직한 행위들로 바꿔갈 수 있을 것이다. 절제, 절주와 절식은 몸과 마음의 건강을 지키는 최상의 방법이란 말은 귀에 딱지가 앉을 정도로 들었을 것이다. 절제의 원칙을 지키는 사람에게는 삶을 슬픔의 늪에 빠뜨리는 수많은 불운조차 비켜간다. 절제의 원칙을 지킬 때 우리는 건강과 사랑과 지적인 균형감을 유지할 수 있다. 의식주 등 모든 면에서 단순한 취향은 당신의 독립과 안전을 담보해주는 근원이다. 단순하게 살수록 우리 미래는 더욱 안전해진다. 불의의 사건이나 사고로 피해를 입을 가능성도 줄어든다. 병에 걸리고 일자리를 잃더라도 길거리로 내쫓기지도 않을 것이다. 단순하게 살면 혹 상황이 변하더라도, 그 것도 눈에 띄게 변하더라도 당황할 이유가 없다. 욕망을 단순화하면 변덕스러운 삶의 수레바퀴에 순응하는 것도 덜 힘들다.

우리는 일자리를 잃고 수입을 잃더라도 여전히 한 명의 인간이다. 우리 삶을 떠받쳐주는 기반은 책상이나 포도주 저장실, 마구간이나 가구도 아니고 돈도 아니다. 욕망을 단순화하면, 그 어떤 역경에 처하더라도 우리는 딸랑이나 젖병을 빼앗긴 아기처럼 행동하지는 않을 것이다. 더욱 강해지고 더욱 단단히 무장하여 적의 손에 좌우되지 않을 때, 우리는 이웃을 위해서도 조금이나마 유익한 존재가 될 수 있을 것이다. 또한 사치를 과시하고, 부당한 낭비벽을 드러내며, 기생적인 삶을 몰염치하게 보여줌으로써 이웃의 질투와 저급한 욕망과 비난을 자초하지도 않을 것이다. 나 자신만의 안락을 고집하지 않음으로써 주변 사람들의 행복과 평안을 위해 일하는 방법을 찾아낼 수 있을 것이다.

단순한 것에서 즐거움을 찾아라

•

당신 생각에는 이 시대가 즐겁고 재밌

는가? 내게 이 시대는 대체로 서글픈 듯하다. 이런 생각이 나만의

생각에서 그치지 않으면 어떻게 될까 두렵다. 주변 사람들이 살아

가는 모습을 면밀히 관찰하고 그들의 말을 귀담아들어 보면, 그들

이 그다지 즐거워하지 않는다는 느낌이 들어 안타깝다. 그렇다고

그들이 삶을 즐기려고 하지 않는 것은 아니다. 하지만 그 노력이 그

다지 결실을 거두지 못하는 것 같다. 대체 어디가 잘못된 것일까?

　정치나 경제를 탓하는 사람이 있는 반면에, 사회문제나 군국주의

를 탓하는 사람도 있다. 이처럼 우리에게 근심을 안겨주는 것을 하

나씩 생각해보면, 어느 것이 더 큰 걱정거리인지 선뜻 결정하기가

힘들 지경이다. 차라리 즐거움을 주는 것이 무엇인지 찾아보자. 그

런데 우리가 수프를 맛있게 먹기에는 후추가 너무 많이 뿌려진 듯
하다. 주변에는 온통 걱정거리이고, 하나하나가 우리 기분을 망쳐
놓기에 충분하다. 아침부터 저녁까지, 어디를 가나 우리는 걱정에
사로잡혀 분주하게 돌아다니는 사람들과 마주친다. 그들은 저급한
정치의 실망스러운 충돌에 활력을 잃거나, 문학계나 예술계에서 맞
닥뜨린 비열한 술수와 시기심에 상심한 사람들이다. 경쟁이 치열한
직장 생활은 우리의 수면을 방해하는 요인이며, 지나치게 많은 학
습량과 힘겨운 취업 전쟁은 청년들의 활기찬 삶을 방해한다. 한편
노동자 계급은 끝없이 계속되는 산업 투쟁의 결과를 고스란히 떠안
아야 한다. 정치의 권위가 떨어진 까닭에 정치인이 되는 것도 마뜩
잖고, 교사에 대한 존경심이 줄어든 까닭에 교사가 되는 것도 달갑
지 않다. 어디로 눈을 돌리나 불만에 싸인 사람들로 가득하다.

하지만 역사적으로 보면, 우리 시대만큼이나 평화롭지 못하고 중
대한 사건이 터져도 사회의 전반적인 분위기가 여전히 밝았던 시대
가 있었다. 때로는 시대의 심각성, 내일에 대한 불안감, 사회적 소
요 사태의 폭력성이 새로운 활력을 불러일으키기도 한다. 군인들
이 치열한 전투를 끝낸 후에 노래하며 또 다른 전투에 대비하는 경
우도 많지 않은가. 내 생각에 인간은 본디 즐거움을 추구하는 동물
인 까닭에, 힘든 시기에 온갖 장애물과 싸우면서도 승리를 거두면

다 함께 자축하는 시간을 가졌다. 그런데 옛 선조들이 전투를 앞두고도 편하게 잠들고, 힘든 시기에도 노래를 부를 수 있었던 데는 지금 우리에게는 없는 어떤 내적인 이유가 있었다. 즐거움은 대상 자체에 있는 것이 아니라 우리 내면에 있기 때문이다. 따라서 이 시대에 전염병처럼 우리를 짓누르는 불안과 불만은 외적인 상황에서 비롯된 것이기도 하지만, 본디 우리 내면에 자리 잡고 있는 것이란 생각을 떨칠 수 없다.

진심으로 즐기려면 튼튼한 반석 위에 서 있다는 확신이 있어야 한다. 또 삶의 존재를 믿고, 그런 삶을 자신의 내면에서 느낄 수 있어야 한다. 그런데 우리에게는 이런 확신이 부족하다. 안타깝게도 오늘날 많은 사람들, 특히 많은 젊은이가 삶을 긍정적으로 생각하지 않는다. 이제는 철학자만이 삶을 부정적으로 생각하는 게 아니다. 어떤 것도 존재하지 않았으면 더 나았을 것이라 생각하면서 어떻게 진심으로 삶을 즐길 수 있겠는가? 게다가 이 시대를 끌어가야 할 활력이 불안할 정도로 떨어진 게 눈에 띄는데 말이다.

물론 그 원인은 우리가 감각을 지나치게 남용한 탓으로 여겨진다. 온갖 유형의 남용이 우리 감각을 왜곡한 탓에 행복을 추구하는 우리 능력까지 변질되고 말았다. 우리 본성에 가해진 비상식적인 행위에 본성마저 굴복하고 만 것이다. 삶의 의지는 뿌리까지 상처를 입었지만 그래도 끈덕지게 버티며, 인위적인 것에서라도 만족을 얻으려고 애쓴다. 예컨대 의학에서는 인공호흡장치와 인공영양공급장치 및 전기자극장치에서 도움을 얻는다. 또 죽어가면서도 생명과 활력을 되찾으려고 애쓰는 사람들을 주변에서 얼마든지 볼 수 있다. 온갖 기발한 방법들이 고안되었고, 비용을 아끼지 않았다. 가능한 방법은 물론이고 불가능한 방법까지 온갖 방법이 시도되었다. 그러나 이처럼 복잡하기 이를 데 없는 증류기들에서도 한 방울의 진정한 즐거움을 증류해내지 못했다.

즐거움과 즐거움을 얻는 도구를 혼동해서는 안 된다. 그림을 그리겠다고 붓만 준비하면 충분한가? 거금을 주고 스트라디바리우스를 마련하면 훌륭한 연주가가 될 수 있는가? 뭔가를 즐기기 위해 그에 필요한 도구들을 최고의 것으로 완벽하게 갖추더라도 그 때문에 더 크게 발전하지는 않는다. 위대한 화가는 하찮은 목탄 조각으로도 불멸의 그림을 그려낼 수 있다. 화가답게 그림을 그리려면 재능이나 천재성이 있어야 하지만, 행복해지는 능력만 있으면 그림을 그리는 행위 자체를 즐길 수 있다. 그런 능력을 지닌 사람이면 누구나 약간의 비용으로 즐겁게 살 수 있다. 의심과 남용으로 삶이 부자연스러워지면 그 능력이 파괴되고 사라지지만, 신뢰와 절제, 정상적인 행동과 사색이 있을 때 그 능력은 안전하게 유지된다.

내 주장을 뒷받침할 만한 확실한 증거는 주변에서 얼마든지 쉽게 구할 수 있다. 들판의 꽃에는 언제나 향기가 있듯이, 단순하고 건전한 삶이 있는 곳이면 어디에서나 즐거움이 생동하는 것을 확인할 수 있다. 삶이 단순하고 건전하면 경제적으로 힘들고 제한적이더라도, 요컨대 우리가 일반적으로 즐거움의 조건이라 생각하는 것이 없더라도 즐거움이란 은은하고 진귀한 식물이 주변에서 항상 돋아난다. 인도의 비좁은 돌 틈에서도 얼굴을 내밀고, 담과 바위의 갈라진 틈새에서도 싹을 틔운다. 이쯤에서 우리는 즐거움이 어디에서 어떻게 시작되는 것인지 의문을 가져야 한다. 따뜻한 온실이나 비료를 잔뜩 머금은 기름진 땅에서 곱게 재배된 즐거움은 우리 손가락 사이에서 시들고 죽어가지만, 그래도 즐거움은 존재한다.

연극 배우들에게 어떤 관객이 공연을 가장 재밌게 관람하고 즐기느냐고 묻는다면, 그들은 이구동성으로 일반 대중이 공연을 가장 즐겁게 관람한다고 대답할 것이다. 그 이유를 짐작하는 건 그다지 어렵지 않다. 일반 대중에게 연극 관람은 무척 예외적인 행사이다. 따라서 그들은 연극 관람을 지겹게 생각하지 않는다. 오히려 연극 관람은 힘든 노동을 잊는 휴식 시간이다. 그들이 그렇게 맛보는 즐거움은 정직하게 얻는 것이다. 따라서 그들은 땀 흘려 일해서 얻은 돈의 가치를 알고 있듯이, 그 즐거움의 가치도 정확히 알고 있다.

게다가 그들은 무대 뒤를 구경한 적도 없고, 배우들과 교제한 적도 없다. 게다가 연극의 기법 자체도 모르기 때문에 무대 위의 공연을 실제 상황이라 생각한다. 이런 모든 이유로 그들은 연극에서 순수한 즐거움을 맛본다. 하지만 칸막이 좌석에 앉아 무덤덤한 표정으로 단안경을 번뜩이는 회의론자는 연극 공연을 즐기는 군중들에게 경멸의 눈길을 던지며 "불쌍한 중생들! 멍청하고 무지하고 천박한 것들!"이라 중얼거린다.

하지만 연극을 즐기는 대중이야말로 진정으로 살아 있는 존재이며, 회의에 사로잡힌 사람은 한 시간 동안 그 아름답고 유익한 심취를 순수하게 즐기지 못하는 허수아비와 다름없는 인공적인 존재이다. 안타깝게도 서민 계급에서도 그 순수함이 사라지고 있다. 도시 사람들은 물론이고, 시골 사람들까지 도시 사람들을 흉내 내며 좋은 전통을 멀리하는 현상은 흔히 눈에 띈다. 술과 도박과 불량한 책에 물들어 타락한 정신이 병적인 취향까지 띠고 있다. 과거에는 단순했던 환경에 부자연스런 삶이 끼어듦으로써 포도나무에 진딧물이 잔뜩 달라붙은 꼴이 된다. 그럼 목가적인 즐거움을 누리던 건강한 포도나무는 수액이 말라가고 잎사귀는 노랗게 변해간다.

과거의 아름다운 전통을 유지한 시골 축제를 이른바 현대화된 마을 축제와 비교해보라. 전자의 축제에서는 오래전부터 전해지는 풍습이 존중되고, 건장한 시골 사람들이 전통의상을 입고 민요를 힘차게 부르며 전통적인 춤을 춘다. 또한 예부터 전해 내려오는 방법으로 빚은 민속주를 마시며 그 순간을 완벽하게 즐기는 듯하다. 예컨대 대장장이가 쇠를 벼리고, 폭포가 콸콸 떨어지며, 망아지가 초원 위를 뛰어다니듯이 축제를 마음껏 즐긴다. 그런 들뜬 마음은 주변 사람에게도 전염된다. 따라서 그런 축제를 지켜보던 당신은 자신도 모르게 "좋았어! 바로 이거야!"라고 생각하며 그 축제에 끼어들고 싶을 것이다.

한편 현대화된 마을 축제의 경우에는 마을 사람들이 도시인처럼 차려입는다. 거기에 여자들은 도시에서 유행하는 모자까지 쓰는데 오히려 추하게 보인다. 또 도시의 술집에서 흔히 불리는 짤막한 노래를 목청껏 불러대는 멍청한 무리들과, 시골 사람들에게 세련된 즐거움을 맛보여주겠다며 찾아온 엉터리 뜨내기 배우들이 귀빈석에 앉아 축제의 주인 행세를 한다. 감자주를 주성분으로 빚은 독주와 압생트가 주된 음료이다. 이런 축제에서는 독창적인 면도 없고 특별히 주의를 끄는 멋도 없다. 방종과 천박함만 곳곳에서 눈에 띌 뿐 순수한 즐거움이 빚어내는 자연스러움은 없다.

즐거움이란 문제는 중요하다. 하지만 일반적으로 고지식한 사람은 즐거움을 하찮은 것이라 무시하고, 실리적인 사람은 즐거움을 비용이 많이 드는 불필요한 것이라며 도외시한다. 즐거움 혹은 쾌락을 추구하는 사람이라 일컬어지는 사람들이 정원을 헤집어놓는 멧돼지처럼 즐거움이란 섬세하고 민감한 영역을 마구 뒤지고 다닌다. 인간이 끝없이 즐거움을 추구하는 동물이란 사실은 누구도 의심하지 않는 듯하다. 즐거움은 소중히 키워가야 할 성스러운 불꽃, 우리 삶에 환한 빛을 던져주는 신성한 불꽃이다. 즐거움을 세상에 전하려고 애쓰는 사람은 다리를 건설하고, 굴을 뚫고, 땅을 경작하는 사람만큼이나 인류에게 유익한 일을 하는 사람이다. 힘들고 고통스러운 삶을 살면서도 행복을 누리는 능력을 유지하고, 그 능력을 일종의 건강한 바이러스처럼 주변 사람들에게 전하려는 행동은 가장 긍정적으로 고결한 의미에서의 결속을 시도하는 것이다. 작은 즐거움을 주어 근심으로 이마에 패인 주름을 펴주고 어둑한 길에 작은 빛을 던져준다면, 이 가엾은 인간들을 위한 진정으로 신성한 행동이 아니겠는가! 놀랍게도 단순한 마음만 있으면 이 역할을 얼마든지 해낼 수 있다.

안타깝게도 우리는 이제 스스로 행복을 누리고 주변 사람들을 행복하게 해줄 만큼 단순하지 못하다. 우리에게는 자기 욕심을 버린 선한 마음이 부족하다. 우리는 상대를 위로하듯이 즐거움을 전달하려 하기 때문에 오히려 부정적인 결과를 낳는다. 누군가를 위로

할 때 우리는 어떻게 하는가? 그의 고통에 대해 이야기를 나누며 그가 자신을 불행하다고 생각하는 게 잘못이라고 설득하려고 애쓴다. 또 그의 고통은 고통이 아니라고 부인하기도 한다. 이런 설득 과정은 "친구, 많이 힘들다고? 그런데 네가 잘못 생각하고 있는 게 분명해. 나도 그게 왜 고통이 아닌지는 모르겠지만……"으로 요약될 수 있다. 고통을 달래는 유일한 인간적인 방법은 고통을 진심으로 함께 나누는 것일 텐데 이런 식으로 위로하면 고통받는 상대의 기분이 어떻겠는가?

　이웃의 기분을 풀어주며 그에게 잠깐이라도 즐거운 시간을 주려 할 때도 우리는 똑같이 행동한다. 예컨대 우리 집에서 함께 식사하자고 초대해 우리의 유쾌한 사고방식에 감탄하고, 우리가 재치 있게 내뱉는 재밌는 말에 함께 웃어주기를 바란다. 이런 식으로 우리는 자신을 내세울 기회를 놓치지 않으려 한다. 때로는 우리가 좋아하는 기분 전환법을 부적이라도 되는 양 이웃에게 너그럽게 건네기도 한다. 물론 그를 카드놀이에 초대하는 경우처럼 적절하게 그를 이용할 속셈으로 함께 즐기자고 초대하는 경우도 있다. 우리의 유쾌한 사고방식에 감탄하고 우리의 우월성을 인정하며, 우리의 도구로 이용되면서도 다른 사람이 즐거움을 느낄 수 있다고 생각하는가? 보호받는 듯하면서도 이용당하고 박수부대 역할을 한다는 기분

I AM HAPPY
WITH EVERYTHING!

에 비견될 만한 짜증 나는 일이 세상에 또 있을까? 주변 사람들에게 즐거움을 나눠주고 우리 자신도 즐거움을 만끽하려면 먼저 가증스러운 자아를 떼어놓고, 우리가 재밌게 즐기는 동안 그 자아를 꽉 묶어두어 되살아나지 못하도록 해야 한다. 고약하고 가증스러운 자아만큼 흥을 깨는 것은 없다. 어린이처럼 순수하고 순진해야 한다. 다정하고 친절해야 한다. 계급과 직함과 지위는 잊고, 진심으로 우리 자신을 상대의 뜻에 맡겨야 한다.

한 시간이라도 좋으니 때로는 모든 것을 내려놓고 오직 상대를 웃게 하려는 마음으로 살아보자. 희생은 표면적인 것에 불과하지만, 주변 사람들에게 작은 행복을 주겠다는 소박한 마음만으로 자신을 희생하는 사람만큼 진정으로 즐기는 사람은 없다.

언제쯤이나 우리는 진정으로 단순한 사람이 되어, 순전히 즐거움을 얻기 위해 사교적으로 사람을 만날 때 개인적인 문제를 개입시키지 않을 수 있을까? 우리가 자만심과 허영, 계급과 소속, 신분을 한 시간만이라도 잊고 다시 어린아이로 돌아가 순수하게 웃으며, 세상을 즐겁게 하고 더 좋은 세상으로 만들어갈 수는 없는 것일까?

이쯤에서 나는 무척 특별한 이야기를 전함으로써, 호의적인 독자들에게 멋진 일을 시작할 기회를 조금이라도 빨리 제공하고 싶다.

즐거움이란 관점에서 볼 때 지금까지 상당히 무시되었던 몇몇 유형의 사람들에게 다시 관심을 돌려보자는 게 이번 이야기의 목적이다.

많은 사람들이 빗자루는 청소할 때만 필요하고, 물뿌리개는 물을 뿌릴 때만 필요하며, 커피분쇄기는 커피 열매를 빻을 때만 사용된다고 생각한다. 마찬가지로 간호사의 역할은 환자를 돌보는 것이고, 교수의 역할은 학생들을 가르치는 것이며, 성직자의 역할은 설교하고 장례식을 집전하고 고백을 들어주는 것이며, 보초의 역할은 경계를 게을리하지 않으며 보초를 서는 것이라 생각하는 사람들이 많다. 이렇게 생각하면, 자신의 역할에 가장 충실한 사람은 소처럼 자신에게 맡겨진 역할을 묵묵히 해내는 사람이란 결론이 내려진다. 기분 전환을 위한 휴식이나 여흥은 허락될 수 없다. 이 생각을 확대해 적용하면 병약하거나 고뇌하는 사람, 파산한 사람과 삶에 실패한 사람, 여하튼 부담스러울 정도로 무거운 짐을 짊어진 사람들은 산의 북쪽 경사면처럼 항상 어둡게 지내야 하고, 반드시 그래야 한다고 생각해야 한다. 따라서 진지한 사람에게는 즐거움이 필요 없고, 그에게 즐거움을 제공하는 것도 무례한 짓이란 결론이 내려진다. 사랑하는 사람을 잃은 유족에게 슬픈 상념의 끈을 끊어버린다면 결코 세심한 행위라 할 수 없을 것이다. 따라서 항상 진지하게 지낼 수밖에 없는 사람이 있다는 걸 인정해야 하는 듯하다. 당연히 그들에게는 진지한 자세로 접근해야 하고, 결코 경박스럽게 말을 건네서는 안 된다. 예컨대 환자나 불우한 사람을 만나러 갈 때는 문을 들어서기 전에 미소를 지워내고 엄숙한 표정을 짓고 한탄하는 목소리로 애통한 이야기를 대화 주제로 삼는다.

이렇게 우리는 어둠에 있는 사람에게 어둠을 더해주고, 그늘에 있는 사람에게 그늘을 더해준다. 달리 말하면, 고독한 사람에게 더욱 고독감을 안기고, 음울한 삶을 사는 사람에게 지루함을 더해주는 역할을 하는 셈이다. 엄숙한 삶을 살아야 하는 사람이면 지하 감옥에 가둬두겠다는 뜻이다. 그런 지하 감옥 주변에도 자칫하면 푸른 풀이 돋기 때문에 그곳에 접근할 때는 무덤에 찾아가는 것처럼 목소리도 낮춰야 한다. 우리 주변에서 매일 이런 끔찍한 잔혹 행위가 저질러지고 있다는 걸 누가 짐작이라도 하겠는가? 이래서는 안 된다!

남녀를 불문하고 인간의 비참한 모습을 자주 보며 상처를 감싸주어야 하는 힘들고 진지한 직업에 종사하는 사람을 보면, 그들도 당신과 똑같은 인간이고, 당신과 똑같은 욕망을 가진 까닭에 때로는 즐거움과 망각이 필요한 때가 있다는 걸 기억하기 바란다. 그들은 수많은 눈물과 고통을 곁에서 지켜본 사람들이다. 때때로 그들을 웃게 만들더라도 그들을 소명의식에서 벗어나게 한 것이 아니다. 오히려 그들이 힘든 일을 계속 잘해나갈 수 있도록 힘을 북돋워 준 것이다.

고난에 빠진 가족이나 번민하는 사람이 주변에 있다면, 그들을 흑사병에 걸린 사람처럼 격리시키고, 그들에게 슬픈 운명을 떠올려 주지 않으려고 조심스레 행동할 필요가 없다. 오히려 그들의 고통을 동정하고 존중한다는 당신의 마음을 분명히 드러낸 후에 위로하고, 다시 일어나 굳세게 살아가도록 돕는 편이 더 낫다. 또한 외부의 향기, 즉 그들이 불행하다고 세상이 그들을 배척하지 않는다는 진리를 그들에게 떠올려주는 뭔가를 전해줘야 한다.

일에 완전히 몰두해서 그 자리에 못 박힌 듯 꼼짝 않고 일해야 하는 사람들에게도 동정심을 베풀어야 한다. 세상에는 휴식이나 즐거움이 허용되지 않고 온전히 희생만을 강요당하는 사람들이 많다. 그들에게는 약간의 자유, 아주 짧은 휴식도 큰 행복이 된다. 따라서 우리가 그들의 상황을 기억하고 있다면, 그 최소한의 위로를 그들에게 주는 건 그다지 어렵지 않을 것이다.

빗자루는 청소할 목적으로 만들어진 것이어서 피로감을 느끼지 않을 듯하다. 하지만 항상 빗자루를 들고 일해야 하는 사람들의 피로까지 보지 못하는 무분별한 반맹인半盲人의 상태에서 벗어나야 한다. 자신의 의무를 다하다 쓰러진 보초를 다시 일으켜 세우고, 시시

포스에게는 숨을 돌릴 수 있는 휴식 시간을 주자. 살림하고 아이들을 돌보느라 거의 노예처럼 지내는 가정주부의 역할을 잠시라도 대신해보자. 환자들의 곁에서 밤을 지새느라 지친 사람들을 위해 우리 잠을 조금이라도 희생해보자. 젊은 아가씨, 산책을 해도 별로 즐겁지 않은가? 그럼, 요리사를 대신해 앞치마를 두르고 요리사에게 산책할 시간을 허락해보라. 당신은 남들을 행복하게 해줄 것이고, 아울러 당신 자신도 행복해질 것이다.

우리 옆에는 무거운 짐을 짊어진 사람들이 항상 걷고 있다. 잠시라도 그들의 짐을 우리가 대신 짊어질 수 있지 않을까? 그 짧은 휴식을 제공하는 것으로도 아픔을 치유하고, 많은 사람들의 마음속에서 꺼져버린 즐거움의 불길을 되살리며, 형제애를 향한 길을 활짝 열어젖히기에 충분할 것이다. 우리가 진심으로 상대의 마음을 헤아릴 수 있게 된다면 서로 깊이 이해하며 얼마나 즐겁게 살 수 있겠는가!

젊은이들이 즐거움을 누리는 방법에 대해서는 다른 곳에서 이미 자세히 다루었기 때문에◆ 여기에서 다시 언급하지는 않으려 한다. 그러나 반복해서 말해도 지겹지 않을 핵심적인 내용을 간략히 정리

◆ Charles Wagner, Jeunesse, Fischbacher, 1895.

해두고 싶다.

젊은이들이 도덕적이기를 바란다면 그들이 어떻게 즐거움을 추구하는지 면밀히 살펴야 하고, 그들에게 즐거움을 제공하는 기회를 우연에만 맡겨두어서는 안 된다는 것이다. 이런 제안에 젊은이들은 자신들의 오락거리에 대해 어른들이 왈가왈부하는 걸 좋아하지 않고, 게다가 요즘 젊은이들은 응석받이로 자라서 노는 것밖에 모른다고 반박할 사람도 있을 것이다. 하지만 내 생각은 다르다. 참견하고 규제하지 않으면서도 우리 생각을 젊은이들에게 제안하고, 방향을 제시하며 즐거움을 누릴 기회까지 만들어줄 수 있다고 생각한다.

또 요즘 젊은이들이 지나치게 논다고 생각한다면, 그런 생각이 잘못된 것이란 점도 지적해두고 싶다. 우리 삶을 환히 빛나게 하기는커녕 오히려 시들게 하는 부자연스럽고 짜증스러운 퇴폐적인 즐거움을 제외하면, 요즘 젊은이들이 재밌게 즐길 만한 오락거리가 거의 남아 있지 않다. 적정한 사용의 적, 남용이 세상을 더럽히고 또 더럽힌 까닭에 더럽혀지지 않은 것을 찾아내는 게 힘든 지경이 되었다. 따라서 조심하라는 경고, 금지한다는 경고가 곳곳에 나붙게 된 것이다. 건전하지 못한 즐거움과 유사한 것들을 전부 피하려고 한다면 거의 움직이지도 못할 지경이다. 요즘 젊은이들에게, 특히 체면을 중요하게 생각하며 신중하게 처신하는 젊은이들에게 즐거움의 결핍은 때때로 커다란 고통의 원인이 된다. 즐거움이란 너그러운 포도주를 멀리하려면 불편함이 따르기 마련이다. 이런 상태가 지속되면 우리 젊은 세대의 머릿속에 드리운 그림자는 더욱 짙어질 것이다. 그들에게 도움의 손길을 내밀어야 한다.

우리 자식들, 즉 젊은 세대는 즐겁지 않은 세상을 물려받았다. 우리는 그들에게 커다란 근심거리, 당혹스런 문제들, 속박과 분쟁으로 가득한 삶을 물려주었다. 그들의 아침을 조금이라도 밝게 해주기 위한 노력을 해보자. 즐거움을 조직적으로 누리도록 해주고, 그들에게 안식처를 마련해주자. 물심양면으로 그들을 도와주자. 가족들과 함께 즐거움을 나누자. 즐거움은 외부 사람들에게 보여주기 위한 것이어서는 안 된다. 집안의 음울한 분위기에 밖으로 나도는 아들들, 외로움과 지루함에 지친 딸들을 한데 다시 모으라. 가족이 함께하는 행사와 여행의 횟수를 늘려라. 집 안에서는 항상 즐겁게 지내는 걸 원칙으로 삼아라.

학교도 가정과 다를 바가 없다. 초·중·고등학교에서나 대학교에서나 교사와 학생들은 더 자주 얼굴을 맞대고 함께 즐겨야 한다. 이렇게 하면, 힘든 공부도 얼마든지 해낼 수 있다. 선생님과 함께 어울리며 웃는 것보다 선생님을 더 잘 이해할 수 있는 방법은 없으며, 교실이나 시험장 이외에 다른 곳에서 학생을 만나는 것보다 학생을 더 잘 이해할 수 있는 방법은 없다.

그런데 즐거움을 누리려면 돈이 있어야 하지 않나? 말도 안 되는 생각이다! 완전히 잘못된 생각이다. 즐거움과 돈! 많은 사람이 이 둘을 새의 양쪽 날개로 생각한다. 안타까울 따름이며, 엄청난 착각이다! 이 세상에 존재하는 모든 소중한 것과 마찬가지로 즐거움은 팔 수도 없고 살 수도 없는 것이다. 즐기기 위해서는 적극적으로 자기 몫을 해내야 한다. 그것이 필수 조건이다. 물론 당신이 지갑을 기꺼이 열 수 있다면, 게다가 그렇게 하는 게 유익하다고 생각한다면 누구도 당신이 지갑을 여는 걸 막지는 않는다. 그러나 분명히 말하지만, 지갑을 여는 게 필수 불가결한 조건은 아니다. 즐거움과 단순함은 오랜 단짝이다. 동료와 친구를 단순하게 맞아들이고, 단순하게 만나라. 먼저 열심히 일하라. 그리고 동료들을 최대한 친절하고 충직하게 대하고, 당사자가 없는 곳에서는 험담을 하지 마라. 그럼 분명히 성공할 것이다.

장사꾼 근성과 단순함

.

바로 앞에서 우리는 세상에 퍼져 있는 편견—돈에 마법 같은 힘이 있다고 생각하는 편견—에 대해 잠깐 언급했었다. 예민한 문제를 기왕에 언급했으니 피하지 않고 본격적으로 다루어보려 한다. 더구나 이 문제에 대해 반드시 언급해두어야 할 적잖은 진실이 있다고 확신하는 까닭도 있다. 그 진실은 새로운 것은 아니지만 오래전에 잊혀진 것이다.

　아무리 생각해도 돈 없이 살아갈 방법은 없다. 온갖 해악을 이유로 돈을 비난하는 많은 이론가와 입법자가 오늘날까지 해낸 것이라고는 돈의 명칭이나 형태를 바꾼 것이 전부이다. 여하튼 그들은 물건의 상품가치를 나타내는 표식 없이는 편하게 지낼 수 없다는 걸 깨달았다. 돈을 없애려는 시도는 문자를 없애려는 시도와 다를 바가 없다. 하지만 돈에 내재된 문제는 여간 혼란스러운 것이 아니다. 돈이 우리의 복잡한 삶에서 주된 요소 중 하나인 것은 분명하다. 우리가 항상 격렬하게 토론하는 경제적인 어려움, 사회적 관습과 현대인의 삶이 돈을 지나치게 중요시하며 높은 위치에 올려놓았기 때문에, 인간의 상상력이 돈에 일종의 절대권을 부여했다고 해서 놀라울 것은 없다. 따라서 이런 관점에서 우리는 돈이란 문제에 접근해보려 한다.

돈과 짝을 이루는 것으로는 상품이 있다. 상품이 없다면 돈도 존재하지 않을 것이다. 그러나 상품이 존재하는 한 돈도 어떤 형태로든 존재할 것이다. 돈과 관련된 모든 남용은 혼동에서 비롯되었다. 사람들은 상품이란 표현과 개념을 구분하지 못하고 뒤섞어 사용했지만, 원래 표현과 개념은 서로 아무런 관계도 없는 것이다.

사람들은 물건에 금전적 가치를 부여하려 했지만, 물건은 금전적 가치를 가질 수도 없고 가져서도 안 되는 것이다. 게다가 매매라는 개념은 완전히 낯선 영역, 심지어 경계해야 할 적이며 횡령자로 여겨질 수 있는 영역까지 파고들었다. 예컨대 밀과 감자, 포도주와 옷감이 판매되고 구매되는 것은 당연하게 여겨진다. 또한 우리가 노동을 통해 생존권을 보장받고, 그 생존권에 해당되는 가치가 우리에게 되돌려지는 것도 지극히 당연하다. 그러나 두 경우가 완전히 똑같다고 할 수는 없다. 인간의 노동은 한 부대의 밀이나 100킬로 그램의 석탄과 같은 정도의 상품이 아니다. 인간의 노동에는 돈으로 평가할 수 없는 많은 요소가 포함되어 있다.

요컨대 돈으로는 살 수 없는 것들이 많다. 예컨대 수면, 미래에 대한 지식, 재능 등이다. 이런 것을 우리에게 팔겠다고 제안하는 사람은 미치광이나 사기꾼이라 생각해도 상관없다. 하지만 이런 것들로 돈을 버는 사람들이 있다. 그들은 자신의 것이 아닌 것을 팔고, 그들의 감언이설에 넘어간 사람들은 진짜 돈을 내고 가상의 가치를 구입한다. 그 밖에도 즐거움을 파는 장사꾼, 사랑을 파는 장사꾼, 기적을 파는 장사꾼, 애국심을 파는 장사꾼이 있다. 따라서 실제 상품을 판매하는 사람을 뜻할 때는 명예롭게 여겨지기에 충분한 '상인'이란 명칭이, 마음과 종교와 국가를 취급하는 지경에 이르면 최악의 오명으로 전락해버린다.

감정과 명예, 신분과 철학과 권한의 매매는 부끄럽게 생각해야 한다는 데는 거의 모두가 동의할 것이다. 이런 생각에 대한 이론적인 반박은 거의 없다. 하지만 안타깝게도 고결한 도덕적 진실은 물론이고, 평범한 것에 가까운 것도 현실 세계에 적용되기는 무척 힘들다. 뭔가를 사고파는 행위, 즉 거래가 파고들지 않은 영역이 없다. 장사꾼은 성스런 성소까지 파고들었다. 종교적 성소만이 아니라, 인류가 함부로 침범해서는 안 되는 것이라 생각하는 모든 곳에서 거래가 이루어진다. 우리 삶을 복잡하게 만들고 타락시키며 더럽히는 것은 돈이 아니다. 진정한 원흉은 돈만을 추구하는 '장사꾼 근성 esprit mercenaire'이다.

장사꾼 근성은 '나에게 얼마를 벌어다 줄 수 있는가?'라는 하나의 질문으로 귀결되며, '돈만 있으면 무엇이든 손에 넣을 수 있다'라는 격언으로 정리된다. 이 두 가지 행동 원칙이 지배하는 사회는 표현하고 상상하기 힘든 수준으로 타락할 수 있다.

나에게 얼마를 벌어다 줄 수 있는가? 자신의 노동으로 생계를 꾸리기 위해 신중하게 이런 질문을 제기한다면 조금도 잘못된 질문이 아니다. 하지만 이 질문이 한계를 넘어 우리 삶 전체를 지배하게 되면 재앙이 된다. 이런 관계는 너무도 명백하기 때문에 자칫하면 우리가 생계수단으로 삼는 노동의 가치까지 떨어뜨린다. 내가 일을 하고 그에 따른 대가를 받는다면 더할 나위 없이 좋지만, 대가를 받겠다는 욕심에만 사로잡혀 그 일을 한다면 그보다 잘못된 경우는 없을 것이다.

봉급만을 목적으로 일하는 사람은 일을 제대로 해내지 않는다. 그런 사람의 관심사는 일 자체가 아니라 돈이기 때문이다. 그런 사람은 고생을 덜하며 똑같은 돈을 벌 수 있다면 반드시 그렇게 할 것이다. 벽돌공이든 농부이든 공장 노동자이든, 여하튼 자신의 일을 좋아하지 않는 사람은 그 일에 관심도 없고, 그 일을 중요하게 생각하지도 않는다. 한마디로 나쁜 일꾼이다. 예컨대 보수만을 생각하는 의사에게 당신의 생명을 맡길 수 있겠는가? 그 의사는 우리 지갑 속의 돈으로 자기의 지갑을 채울 욕심에서만 움직이기 때문에 훌륭한 의사라 할 수 없다. 우리가 오랫동안 병을 앓는 게 그에게 이익이라면, 우리 건강을 되찾아주기는커녕 오히려 우리 병을 더 키워버릴 가능성도 배제할 수 없다. 어떤 교사가 어린아이를 가르치며 거기에서 얻는 금전적 이익만을 중요하게 생각한다면 정말 한심한 교사가 아닐 수 없다. 그 이익이 보잘것없기도 하지만 그의 교육은 더욱더 보잘것없을 것이기 때문이다. 돈만을 바라고 글을 쓰는 언론인에게 무엇을 기대할 수 있겠는가? 당신이 돈만을 목적으로 글을 쓰는 순간, 그 글에서는 그 돈만큼의 가치도 사라질 것이다.

똑같은 노동이라도 본디 고결한 가치를 갖는 노동일수록 장사꾼 근성이 개입되면 더 크게 타락하고 변질된다. 모든 일에는 대가가 뒤따라야 하는 이유, 또 생계 유지를 위해 땀 흘리는 사람이 다른 사람들과 똑같은 혜택을 누릴 수 있어야 하는 이유는 수없이 많다. 유익한 일을 하지 않는 사람은 자신의 밥벌이를 하지 않는 사람이며, 한마디로 기생충 같은 인간에 불과하다고도 말할 수 있다. 돈

벌이를 행동의 유일한 동기라 생각한다면, 그보다 심각하게 잘못된 사회적 실수는 없다. 육체노동으로 해야 하는 일이나 따뜻한 마음으로 해야 하는 일, 혹은 머리를 짜내야 하는 일 등 어떤 일을 하더라도 우리가 자신의 일에 불어넣는 최고의 것은 누구도 돈으로 보상할 수 없는 것이다. 두 사람이 똑같은 능력과 똑같은 힘으로 어떤 일을 하더라도 완전히 다른 결과가 빚어진다는 사실만큼 인간은 기계가 아니라는 걸 명확히 입증해주는 것은 없다. 그 이유가 어디에 있을까? 그 일을 대하는 마음자세가 다르기 때문이다.

한쪽은 장사꾼 근성을 지닌 사람이고, 다른 한쪽은 단순한 영혼을 지닌 사람이다. 두 사람 모두 대가를 받지만, 장사꾼 근성으로 일하는 사람은 결실을 맺지 못하지만 단순한 영혼을 지닌 사람은 자신의 영혼을 일에 담아낸다는 점이 다르다. 따라서 앞사람의 일은 모래알과 같아 영원히 아무것도 빚어내지 못하지만, 뒷사람의 일은 밭에 뿌려진 살아 있는 씨앗과 같아 싹을 틔우고 수확물을 거두게 된다. 많은 사람들이 겉보기에는 다른 사람과 똑같은 방법을 사용했는데도 성공하지 못한 이유를 적절하게 설명할 만한 다른 비밀은 없다. 꼭두각시처럼 움직이는 기계는 재생되지 않고, 장사꾼 근성으로 해낸 일은 열매를 맺지 못한다.

물론 경제적 현상을 그대로 받아들이고, 삶의 과정에서 겪는 어려움들을 인정해야 한다. 의식주 문제를 해결하고 가족을 부양하기 위해서는 여러 행동 수단을 정교하게 결합할 필요성이 나날이 절박해진다. 긴급하게 해결해야 하는 문제들을 고려하여 계산적으로 따지고 미래를 예측하지 않는 사람은 공상가이거나 무능한 사람에 불과한 것처럼 여겨진다. 그런 사람이 지금은 절약하는 사람을 경멸하겠지만, 언젠가는 그에게 도움을 청하는 신세가 될 것이다. 그렇다고 당면한 문제에 대한 걱정에 사로잡혀 계산적으로 따지기만 한다면 어떻게 되겠는가? 예컨대 우리 모두가 철저한 회계사로 변신해 우리 노력을 금전적으로 평가하여 돈이 되지 않는 일은 어떤 것도 하지 않고, 회계장부에 숫자로 쓰여지지 않는 것은 무익한 짓이거나 헛수고라 생각한다면 어떻게 되겠는가?

우리 어머니들은 우리를 사랑하고 키워준 대가를 받았는가? 우리가 늙은 부모를 사랑하고 봉양하는 대가를 받으려 한다면, 효도라는 것이 어떻게 변하겠는가?

진실을 말하면 어떻게 되는가? 불쾌한 일을 당하기 십상이다. 때로는 고통과 학대를 받을 수도 있다. 조국을 지키려면 어떤 대가를 각오해야 할까? 피로와 싸워야 하고 부상을 당하거나 죽을 수도 있는 각오를 해야 한다. 선행을 베풀면 어떻게 될까? 배은망덕한 짓에 난처한 지경에 빠지고, 심지어 원한을 품을 수도 있다.

인간의 모든 기본적인 역할에는 헌신과 희생이 그 밑바탕에 깔려 있다. 분명히 말하지만, 이해관계를 철저히 따지는 사람도 계산 이외의 다른 것에 의지하지 않고는 이 세상에서 살아갈 수 없다. 푼돈을 꾸준히 모아서 큰돈을 만드는 데 능숙한 사람은 영리하다고 여겨진다. 그러나 자세히 보라. 단순한 사람들의 헌신이 없었더라면 그들이 큰돈을 벌 수 있었겠는가? 그들처럼 "돈이 있으면 귀신도 부린다!"라는 말을 좌우명으로 삼는 영악한 사람들만을 만났더라면 과연 그들이 성공할 수 있었을까? 분명히 말하지만, 세상이 그럭저럭 유지되는 이유는 치밀하게 계산하지 않는 사람들 덕분이다.

가장 아름다운 봉사나 가장 힘든 사명은 제대로 보상받지 못하거나 전혀 보상받지 못하는 게 일반적인 현상이다. 따라서 돈과 휴식과 삶을 희생하더라도 아무런 이익이 되지 않는 역할, 심지어 대가라고는 고통밖에 없는 역할을 기꺼이 떠맡으려는 사람들이 항상 존재한다는 게 천만다행이다. 이런 사람들에게 맡겨지는 역할은 힘들기 일쑤이고, 으레 실망감까지 더해주는 것이다. 자신이 과거에 행한 선행을 후회하는 경험담, 온갖 고생을 다했지만 결국 남은 것은 환멸뿐이었다는 서글픈 경험담을 누구나 한두 번쯤은 들었을 것이다. 그들은 대부분 자신의 경험담을 "그런 짓을 하다니, 내가 멍청

했던 거지!"라는 말로 끝을 맺는다. 때로는 자신에 대한 이런 냉정한 평가가 옳다. 돼지들에게 진주를 던져주는 짓은 무조건 잘못이기 때문이다. 인간의 배은망덕 때문에, 삶의 과정에서 행한 아름다운 행위를 후회하는 사람이 얼마나 많은가! 그럼에도 우리는 그런 어리석은 행위를 묵묵히 더욱더 자주 행하기를 바랄 뿐이다.

이제 장사꾼 근성에 대해 살펴보자. 장사꾼 근성은 간단명료하다는 게 큰 장점이다. 돈을 목표로 하는 사람의 원칙은 "돈으로 무엇이든 구할 수 있다!"라는 단 한마디에 함축되어 있다. 사회적 삶을 살펴보면, 적어도 겉으로는 이 원칙만큼 명백한 것이 없다. '전쟁의 힘줄' '명백한 증거' '모든 문을 여는 만능열쇠' '세상의 왕!'……. 돈의 위력을 찬양한 표현을 모두 모아놓으면, 성모마리아를 찬양한 성가보다 훨씬 긴 노랫말을 만들어낼 수 있을 정도이다. 지갑이 텅 빈 사람의 심정을 알아보고 싶은가? 그럼 한 푼도 없이 지금 이 세상을 살아보면 충분하다. 그것도 하루나 이틀이면 충분하다. 이런 상황을 직접 경험하고 싶은 사람이 있다면, 삼사일쯤 친구나 지인으로부터 멀리 떨어져서, 요컨대 주변 사람들이 모든 낯선 사람들로 구성된 환경에서 한 푼도 없이 살아보기 바란다. 그럼, 지위가 안정된 사람이 1년 동안 겪는 사건보다 훨씬 많은 사건을 48시간

사이에 경험하게 될 것이다.

안타깝게도 적잖은 사람들이 본의 아니게 그런 경험을 해야 한다. 완전히 파산한 사람은 젊은 시절의 친구들이나 옛 동료들, 심지어 그에게 은혜를 입은 사람들에게도 도움을 구하기 어렵다. 대부분이 그를 모른 척할 것이 뻔하기 때문이다. 결국 그는 장사꾼 근성을 씁쓰레한 마음으로 곱씹을 수밖에 없다. 돈이 있으면 무엇이든 가질 수 있지만, 돈이 없으면 아무것도 가질 수 없다고! 실패하고 파산한 사람은 나병 환자처럼 모두에게 외면받는다. 시신에 파리가 꼬이듯이 돈이 있는 곳에 사람들이 모여든다. 하지만 돈이 떨어지면 누구도 다가오지 않는다. 이런 식으로 장사꾼 근성은 얼마나 많은 사람들에게 쓰라린 눈물을 흘리게 했는가! 옛날에 황금 송아지를 섬겼던 사람들도 이런 이유에서 피눈물을 흘렸을 것이다.

두말할 필요 없이 장사꾼 근성의 원칙은 잘못된 것, 너무나도 잘못된 것이다. 사막에서 길을 잃은 까닭에 많은 돈으로도 물 한 방울을 구할 수 없었다는 부자에 대한 이야기, 가난하지만 건강한 젊은 이에게 20년의 젊음과 건강을 사겠다며 전 재산의 절반을 제안했다는 늙은 백만장자에 대한 이야기처럼 낡디낡은 이야기를 들먹이며 장사꾼 근성을 공격하고 싶은 생각은 없다. 또 행복은 돈으로 살 수 없다는 걸 입증하려고 애쓰지도 않을 작정이다. 돈이 있는 사람들은 물론이고, 돈이 없는 사람들도 이 진리를 귀가 따갑도록 들어 상투적인 말이라며 비웃을 것이다. 대신 각자의 경험과 기억을 되살려냄으로써, 모두가 동의한 장사꾼 근성의 원칙 뒤에 감추어진 엄청난 거짓말을 만천하에 폭로해보려 한다.

당신이 지갑을 최대한 두둑하게 채우고 유명한 온천지로 떠났다고 해보자. 과거에 그 온천지는 널리 알려지지 않아, 단순하고 예의 바르며 친절한 사람들이 주로 찾는 곳이었다. 누구나 즐겁게 지낼 수 있고, 비용도 많이 들지 않는 곳이었다. 100명의 '입소문'으로 인해 그 온천지가 어둠에서 끌어 나옴과 동시에 입지 조건과 기후 그리고 분위기를 이용해 어떤 이득을 얻어낼 수 있는가를 알게 되었다.

당신도 '소문'을 믿고 그 온천지로 향한다. 당신이 가진 돈이면 평화로운 휴양지를 구할 수 있을 거라고 생각하며, 부자연스런 문명 세계에서 멀리 떨어진 곳에서 하루하루를 씨실과 날실로 삼아 멋진 시를 창작해낼 수 있으리란 환상까지 품는다. 첫인상은 좋은 편이다. 무엇보다 자연환경과 여전히 남아 있는 소박한 풍습이 당신을 즐겁게 해준다. 그러나 시간이 지남에 따라 인상은 점점 나빠지며, 이면에 감추어진 것이 드러나기 시작한다. 당신은 집안 대대로 전해지는 오래된 가구처럼 골동품이라 생각한 것들이 얼간이들을 현혹시키려는 속임수에 불과하다는 걸 깨닫는다. 모든 것에 가격표가 붙어 있고, 땅부터 주민까지 모든 것이 손님을 유혹하는 상품이다. 순진하던 원주민들이 세상에서 가장 교활한 사업가로 변신해서 최소한의 비용으로 당신의 돈을 뜯어내는 방법을 해결해낸 셈이었다. 곳곳에 거미줄처럼 놓은 덫은 가느다란 끈에 불과하고, 그들이 덫에 걸려들기를 기다리는 먹잇감은 바로 당신 같은 관광객이다. 옛날에는 단순하고 정직하여 과로에 지친 도시인들에게 활력을 주었던 사람들이 돈맛을 알게 되면서 2~30년 만에 그렇게 달라졌다. 집에서 굽는 빵은 사라졌고, 버터는 공장에서 생산된 것이다. 이제 그들도 우유에서 지방을 제거하는 방법이나 포도주를 변조하는 최신 기법을 완벽하게 알고 있다. 그들도 이제는 원래의 미덕을 상실하고 도시 사람들 못지않게 악습에 물든 사람들이다.

그 온천지를 떠날 때 당신은 남은 돈을 계산한다. 많은 돈을 쓴 까닭에 불평을 늘어놓는다. 하지만 그렇게 불평할 이유가 없다. 이곳에서의 쓰라린 경험 덕분에, 세상에는 돈으로도 살 수 없는 게 있다는 걸 깨달았다면 그것으로 충분하다.

가령 당신 집에 똑똑하고 솜씨도 좋은 집사가 필요하다고 해보자. 그처럼 능력이 좋은 집사는 무척 드물기 때문에 쉽게 구해지지 않는다. 그래도 돈만 있으면 무엇이든 손에 넣을 수 있다는 원칙에 따르면, 당신이 어떤 수준의 급료를 제시하느냐에 따라 보잘것없는 집사, 평범한 집사, 괜찮은 집사, 상당히 괜찮은 집사, 탁월한 집사를 얻게 된다. 그러나 집사라는 자리를 차지하려고 찾아오는 사람들은 한결같이 자신을 최고라고 소개할 것이고, 그런 주장을 뒷받침할 만한 증명서까지 미리 마련해올 것이다. 하지만 현실에 비추어보면, 유능하다고 자처했던 사람들에게 실전 능력이 전혀 없다는 게 밝혀지는 경우가 비일비재하다. 그런데도 왜 그들은 당신 집의 집사로 취직하려고 한 것일까? 그들이 진실로 대답한다면, 한 연극에서 많은 임금을 받지만 아무것도 할 줄 모르는 요리사처럼 대답할 것이다.

"왜 솜씨 좋은 요리사라고 거짓말을 했나요?"

"돈을 더 많이 받고 싶어서요."

이런 차이는 중대한 문제가 아닐 수 없다. 많은 봉급을 받고 싶어 하는 사람은 언제라도 구할 수 있지만, 그만한 능력을 지닌 사람을 찾기는 점점 어려워진다. 여기에 성실함까지 겸비한 사람을 찾으려면 어려움은 더욱 커진다. 돈을 밝히는 사람은 쉽게 찾을 수 있지만 헌신은 완전히 다른 문제이다. 그렇다고 내가 헌신적인 직원, 성실하면서도 영리한 직원의 존재를 부인하는 것은 아니다. 적은 봉급을 받는 사람들 중에서도 그런 직원을 찾아낼 수 있을 것이며, 때로는 더 자주 만날 가능성도 있다. 결국 그런 사람이 어디에 있느냐는 그다지 중요하지 않다. 그들이 성실하고 헌신적인 이유는 이익을 추구하기 때문이 아니라, 마음속에 단순함이란 보물을 간직하고 있어 기꺼이 자신을 희생하며 헌신하기 때문이다.

'돈은 전쟁의 힘줄'이란 말은 어디에서나 흔히 들을 수 있다. 전쟁에 많은 돈이 드는 것은 분명하며, 우리는 그에 관련해 적잖은 것을 알고 있다. 그럼 국가가 부유하면 적으로부터의 공격을 방어하고 국가의 명예를 충분히 지켜낼 수 있다는 뜻일까? 그리스인들은 페르시아인들에게 전혀 그렇지 않다는 걸 입증해 보였다. 그 후로도 그 사실은 역사에서 반복해 입증되었고, 앞으로도 마찬가지일 것이다. 돈이 있으면 군함과 대포와 말을 살 수 있지만, 군사적인 전략과 정치적인 지혜, 규율과 열정은 돈으로도 살 수 없는 것이다. 징병관들에게 거금을 쥐여주며 한 명의 뛰어난 지휘관과 상퀼로트◆처럼 용맹무쌍한 병사들로 구성된 1개 사단을 당신에게 데려오라고 지시해보라. 그럼 십중팔구 위대한 한 명의 지휘관 대신 100명의 지휘관과 1,000명의 병사가 당신 주변에 있게 될 것이다. 그리고 그들을 전쟁터에 보내봐야 당신이 돈을 제대로 썼는지 확인할 수 있을 것이다.

◆ sns-culottes, 프랑스혁명의 추진력이 된 사회계층. 주로 수공업자, 소상인, 노동자 등으로 이루어졌다.

여하튼 다른 것은 몰라도 돈만 있으면 가난한 사람들을 돕고 선행을 베풀 수 있을 것이라 생각하는 사람이 많은 듯하다. 안타깝게도 이런 생각도 하루라도 빨리 깨어나야 할 착각이다. 돈은 많든 적든 악습을 낳는 씨앗이다. 지성과 친절과 연륜이 더해지지 않는다면 당신은 악행만 저지를 가능성이 크다. 게다가 당신의 돈으로 혜택을 받은 사람들만이 아니라, 당신의 돈을 분배하는 책임을 맡은 사람들까지 타락할 위험이 농후하다.

돈으로 모든 것을 할 수 있는 것은 아니다. 돈에 힘이 있는 건 분명하지만, 전능한 힘은 아니다. 장사꾼 근성의 확산만큼 인간의 삶을 복잡하게 만들고, 인간의 도덕심을 타락시키며, 사회의 정상적인 기능을 왜곡시키는 것은 없다. 장사꾼 근성이 팽배한 곳에서는 모두가 서로를 속이려 할 뿐이다. 누구도 믿을 수 없고, 어떤 것에도 믿음을 줄 수 없으며, 누구도 가치 있는 것을 얻을 수 없다. 그렇다고 돈의 가치를 헐뜯고 비방하려는 것은 아니다. 다만 돈에도 공통된 규칙, '모든 것에는 적정한 자리가 있다!'라는 규칙을 적용하자는 것이다.

보조적인 존재로 그쳐야 할 돈이 인간의 도덕적인 삶과 품격, 자유를 무시하는 폭압적인 권력이 되면, 예컨대 누군가 상품도 아닌 것을 시장에 가져와 어떻게든 돈을 손에 넣으려 하거나, 부를 소유한 사람들이 누구에게도 사거나 파는 게 허락되지 않은 것까지 가질 수 있다고 생각하면, 이처럼 추잡하고 범죄적인 맹신적 행위에 항거하며 "너는 그 돈과 함께 망할 것이다!"*라고 목청껏 고발해야 한다. 인간이 가진 것 중에서 상대적으로 소중한 것은 대체로 공짜로 얻은 것이다. 따라서 우리도 그 보물을 공짜로 나눠줄 수 있어야 한다.

* 사도행전 8장 20절.

돈으로 모든 것을 할 수 있는 것은 아니다.
그것은 전능한 힘이 아니다.

명성과 세상에 알려지지 않은 선행

.

이 시대를 부끄럽게 만드는 유치한 감
정 중 하나는 자신을 널리 알리려는 욕망이다. 자신을 널리 알려 명
성을 얻겠다는 욕망에 완전히 사로잡혀 '명예욕'이란 소양증에 걸렸
다고 말해도 과언이 아닐 사람들이 적지 않다.

　그들의 생각에 무명이란 위치는 견디기 힘든 치욕이고 불명예
이다. 그들은 세상의 주목을 받을 수 있다면 어떤 짓이라도 한다.
세상에 알려지지 않은 무명의 존재는 폭풍우 치는 한밤중에 아무
도 살지 않는 외딴섬에 내던져진 조난자와 다를 바가 없다는 게 그
들의 생각이다. 따라서 그들은 목소리를 높여서 자신의 존재를 알
려야 한다. 폭죽과 봉홧불 등 상상할 수 있는 온갖 수단을 동원해
서 자신이 여기에 있다는 걸 누군가에게 알려야 한다. 때로는 폭죽

과 위험하지 않은 불화살을 쏘는 것으로 만족하지 못하고, 어떻게 든 자신을 알리려는 욕망에 야비한 짓은 물론이고 범죄까지 저지르는 사람이 적지 않다. 아르테미스 신전을 불태운 고대 그리스의 방화범, 헤로스트라투스는 많은 모방꾼을 남겨놓았다.

유명한 유물을 파괴하고, 저명한 명성에 흠집을 내거나 혹은 시도하고, 추문이나 고약한 언행 및 큰 반향을 일으킨 야만적인 짓으로 자신의 존재를 알리며 유명해진 사람이 얼마나 많은가?

그런데 명성을 얻으려는 욕망은 제정신이 아닌 사람들, 자신의 능력을 의심하는 자본가들, 온갖 계층에서 활동하는 협잡꾼과 허풍선이에게만 만연되어 있는 게 아니다. 물질적인 영역에서는 물론이고, 정신적인 영역에서도 명성을 향한 욕망이 엄청난 세력을 떨치고 있다. 정치계와 문학계, 과학계에서는 당연한 것이겠지만, 놀랍게도 자선기관과 종교계조차 명성을 향한 욕망에 물들고 말았다. 훌륭한 행위를 칭찬하는 나팔소리가 하루 종일 울려 퍼지고, 영혼을 개종시키려는 떠들썩한 행사가 벌어진다. 이런 소음의 열기는 조용한 수도원까지 침범해서 차분한 마음을 뒤흔들고, 선을 위한 행위를 크게 오염시키며 가는 곳마다 큰 피해를 남긴다. 모든 것을 보여주려는 악습, 더 정확히 말하면 모든 것을 펼쳐 보이려는 욕심은 더욱더 커진 반면, 감춰진 것을 올바로 평가하는 능력은 오히려 줄어들었다. 게다가 모든 사물의 가치를 그에 관련된 떠들썩한 소리로 평가하려는 이상한 관례까지 생겼다. 그러다 보니 신중하기 이를 데 없는 사람의 판단을 하찮게 여기는 지경에 이르렀다. 결국에는 우리 사회가 커다란 장터로 변해 모두가 허름한 집 앞에서 북을 치며 주목을 끌려고 경쟁하게 되지나 않을까?

우리는 기꺼이 장터의 먼지와 견디기 힘든 소음을 떠나 한적한 작은 골짜기에서 맑은 공기를 마시며, 맑은 시냇물과 고요한 숲에 묻혀 기분 좋은 고독을 즐긴다. 감사하게도 아직 인간의 소음에 물들지 않은 피신처가 여러 곳에 있다. 시끌벅적한 소음이더라도, 어릿광대들의 목소리가 서로 뒤섞인 소리에 귀가 먹먹하더라도 일정한 한계를 넘어서지는 못한다. 그 한계를 넘어서면 모든 소리가 잠잠해지고 약해진다. 소음의 영역보다 침묵의 영역이 훨씬 더 광대하며, 침묵의 영역에서 우리는 위안을 얻을 수 있다.

세상에 알려지지 않은 선행, 즉 조용한 움직임이 존재하는 그 무한한 세계에 발을 들여놓아 보자. 누구도 발자국을 남겨놓지 않은 새하얀 눈밭이나 홀로 다소곳이 꽃망울을 터뜨리는 꽃들, 혹은 지평선을 향해 뻗어 있는 한적한 오솔길을 보면 누구라도 그 매력에 단번에 사로잡힌다.

우리 세상은 이렇게 노동의 동력으로 이루어지고, 그 가장 역동적인 힘은 어디에나 감추어져 있다. 자연은 자신의 노고를 감추려고 겉모습을 예쁘게 포장한다. 겉으로 드러난 결과를 넘어 자연이란 실험실의 비밀까지 알아내고 싶다면, 자연의 움직임 하나하나를 면밀하게 관찰하는 수고를 아끼지 않아야 한다.

이와 마찬가지로 인간 사회에서도 선한 목적을 위해 움직이는 힘은 눈에 보이지 않으며, 우리 각자의 삶에도 보이지 않는 형태로 존재한다. 요컨대 우리가 보유한 가장 좋은 것은 우리 내면 깊숙이 파묻혀 있으며, 그것은 말로 표현하기 힘들다. 우리 존재의 근본과 격렬하게 뒤엉키는 감정일수록 겉으로 드러나는 것을 꺼린다. 그런 감정은 뭔가에 쫓기듯이 서두르며 노골적으로 드러내지는 걸 모욕이라 생각한다. 자아의 깊은 곳에 오직 하나님만이 알고 있는 내면의 세계를 보유하면, 말로는 표현할 수 없는 은밀한 즐거움이 있다. 충동과 열정, 나날이 샘솟는 용기, 주변 사람들과 함께하려는 강력한 동기가 이런 내면의 세계에서 비롯된다. 내면의 삶, 즉 내면의 세계가 힘을 잃으면, 요컨대 우리가 겉모습에 신경을 쓰느라 내면의 세계를 경시한다면, 겉모습으로 얻은 것만큼의 가치를 상실하게 될 것이다. 서글픈 운명의 장난 때문인지, 우리는 박수를 받고 동경의 대상이 되면 내면적 가치를 상실한다. 세상에서 가장 좋은 것은 세상에 알려지지 않은 것이다. 그것을 아는 사람만이 그것을 소유하겠지만, 그가 그것에 대해 언급하는 순간 그것의 매력은 사라질 것이기 때문이다.

자연을 뜨겁게 사랑하는 사람은 한적한 외딴곳에 있을 때, 숲 한 가운데나 밭고랑에 서 있을 때, 요컨대 누구에게나 자연을 쉽게 응시하는 게 허용되지 않는 곳에 있을 때 유난히 더 행복하다. 그런 사람은 시간과 삶을 잊은 채 누구도 방해할 수 없는 절대적인 고독을 즐기는 동시에, 새가 둥지를 짓고 새끼들을 먹이는 걸 관찰하거나 작은 짐승이 재밌게 노는 모습을 지켜보며 며칠을 보내곤 한다. 이런 행복을 누리고 싶은가? 그럼 어떤 제약도 없고, 그 어떤 허식虛飾이나 꾸밈도 없는 곳, 다른 걱정은 없이 본래의 자신으로 돌아갈 수 있기를 바라는 단순한 삶이 있는 곳에서 행복을 찾아야 할 것이다.

실제로 있었던 몇 가지 모습을 예로 들어 설명해보겠다. 관련된 사람들의 이름은 익명으로 처리함으로써 그들의 신분을 보호하려고 한다.

내 고향 알자스에는 한 석공이 보주 숲으로 끝없이 이어지는 외딴길 옆에서 돌을 깨고 있다. 그를 처음 보았던 때가 30년 전이었다. 당시 나는 청운의 꿈을 안고 대도시로 떠나던 어린 학생이었는데, 그의 모습이 매우 인상적이었다. 그는 돌을 쪼개면서도 끊임없이 콧노래를 흥얼거렸기 때문이다. 우리는 서로 몇 마디를 주고받았고, 그는 마지막으로 "꼬마야, 힘내라! 행운을 빌어주마!"라고 덧붙였다.

그 후로 나는 여러 상황에서 그 길을 다시 지나갔다. 괴로울 때도 있었고 즐거울 때도 있었다. 학생이던 나는 어느덧 어른이 되었지만 돌을 깨던 석공은 예나 지금이나 똑같이 석공이다. 달라진 것이 있다면, 세월이란 악천후에 맞설 대비책을 서너 가지 더 마련했다는 것이다. 예컨대 거적으로 등을 덮고, 얼굴을 보호하려고 모자를 더 깊이 눌러쓴 모습이었다. 하지만 힘차게 망치를 두드리는 소리는 여전히 숲에 울려 퍼지고 있다. 세월의 삭풍이 얼마나 자주 노인의 등줄기를 지났고, 가혹한 운명이 그의 삶과 그의 가족, 심지어 그의 고향까지 얼마나 힘들게 했던가! 하지만 그는 여전히 그 자리에서 돌을 깨고 있으며, 나는 그곳을 오갈 때마다 그에게 눈길을 던진다.

그는 세월의 연륜을 뜻하는 깊은 주름에도 불구하고 언제나 자상한 미소를 띠고, 특히 궂은 날에는 선량한 사람답게 꾸밈없는 목소리로 노랫말을 웅얼거린다. 돌을 깨는 소리와 박자가 맞추어지니 가슴에 뚜렷한 인상을 남기는 목소리이다. 하기야 그 소박한 사람을 볼 때마다 내 마음속에서 일렁이는 감동을 말로 표현하기란 거의 불가능하다. 내가 그처럼 감동받는다는 걸 그는 짐작조차 못할 테지만! 하루가 다르게 성장한 떡갈나무나 매일 태양을 다시 뜨게 하는 선하신 하나님처럼 자신을 지켜보는 사람에게 눈길조차 주지 않고 자신의 일을 묵묵히 해내는 일꾼, 세상에 이름이 전혀 알려지지 않은 일꾼의 모습만큼 우리에게 위안을 주고, 우리 마음속에서 꿈틀대는 허영심을 매섭게 나무라는 게 있을까?

내가 알고 지내는 노교사들은 매일 똑같은 일을 되풀이하며 평생을 보낸 사람들이다. 인간에게 필요한 기본적인 지식과 몇몇 행동 원칙을 때로는 자갈보다 단단한 머릿속에 집어넣어야 했다. 교사라는 직업에 사람들은 별다른 관심을 기울이지 않지만, 그래도 그들은 그 직업을 행하는 동안 영혼까지 다해 아이들을 가르쳤다. 그렇게 세상에 알려지지 않은 채 무덤에 묻히고, 그들처럼 겸양한 사람 이외에는 누구도 그들을 기억하지 않을 것이다. 그러나 그들을 향한 보상은 그들의 사랑에 있다. 세상에 알려지지 않았지만 이들만큼 위대한 사람은 없다.

감추어진 미덕을 찾아내는 방법을 알아낸다면, 우리가 배은망덕하게도 잔혹하고 어리석은 짓을 저지르는 것이란 생각도 없이 번질나게 조롱하고 비웃은 사람들 중에도 우리가 미처 발견하지 못한 많은 미덕이 있다. 수녀를 예로 들어보겠다.

우리는 수녀들의 옷차림과 행동거지에서 특이한 점을 조롱하듯 지적하지만, 그렇다고 그들의 옷차림과 행동거지가 특별히 눈길을 끄는 것은 아니다. 또 수녀들은 무척 이기적이어서 자신의 안위와, 자신이 애지중지하는 검은머리방울새나 고양이, 원숭이의 행복 이외에는 어떤 것에도 무관심하다고 지적하기도 한다. 이기심에서는 수녀가 강퍅한 남자 수사에게 뒤지지 않는 것은 분명하다.

그러나 많은 사람들이 모르고 있는 게 있다. 많은 소박한 수녀가 남몰래 감추고 있는 희생적인 모습은 정말 칭찬받아 마땅하다. 가정도 꾸리지 않고 사랑도 없고 미래도 없고 개인적인 야망도 없는 삶, 외적인 외로움에 내적인 외로움까지 더해질 때도 고독이란 십자가를 짊어지는 삶, 늙은 부모와 일찍 부모를 잃은 어린 조카들과 병들고 가난한 사람들을 위하여 세속적인 욕심을 모두 버려야 하는 삶, 요컨대 삶이란 냉혹한 메커니즘이 쓰레기통에 내던져버린 모든 것을 돌보며, 자신의 이익을 잊어야 하는 삶은 정말 대단하지 않은가? 밖에서 보면 이런 삶은 광택을 잃어 거의 빛이 나지 않으며, 부러움보다 동정심을 불러일으킨다. 그런 삶을 조심스레 관찰하면, 서글픈 비밀과 과거에 겪은 커다란 시련을 간혹 찾아내게 된다. 약하디약한 어깨를 짓누르지만 어둠의 한편에 있어 거의 눈에 띄지 않는 무거운 짐이다.

이처럼 조용히 자신을 희생하는 아름다운 마음과 순수한 선의를 높이 평가하고 존중해야 한다. 주변 사람들에게 사랑과 위안과 희망을 주는 힘, 아무런 자격도 없는 사람까지 용서하며 따뜻하게 감싸주려는 꺾이지 않는 고집, 그리고 이런 자기희생에서 기쁨을 찾는 재능은 높이 평가받아야 마땅하다. 위대한 수녀들이여, 만신창이가 된 삶을 지금까지 얼마나 많이 구했는가? 상처 입은 사람들을 얼마나 많이 치유했고, 길을 잃은 사람들을 얼마나 많이 밝은 빛으로 인도했으며, 얼마나 많은 가난한 사람들에게 깨끗한 옷을 입혔는가? 또 얼마나 많은 고아를 거두었고, 당신마저 없었더라면 세상의 외톨이가 되었을 사람들을 얼마나 많이 옆에서 돌봐주었는가?

하지만 당신은 누구에게도 기억되지 않는다. 아니, 내가 실수했다. 누군가는 당신을 알고 있다. 우리 삶을 몰래 지켜보며 우리에게 닥치는 불행을 함께 슬퍼하는 신비로운 동정심을 가진 신은 당신이 무엇을 했는지 알고 있다. 잊혀지고 때로는 모욕의 손가락질을 받지만 신은 당신에게 신성한 메시지를 전해준다. 그 때문에 당신의 사려 깊고 소박한 행위에서 우리는 천사의 보드라운 날갯짓을 느끼는 듯하다.

선행은 무척 다양한 형태로 감추어져 있기 때문에 교묘하게 위장된 악행만큼이나 찾아내기가 어렵다. 정치적인 이유로 강제노동을 선고받아 시베리아에서 10년을 보낸 한 러시아 의사는 수형자에게서는 물론이고 간수들에게서도 자주 목격했던 인간적인 모습, 특히 희생적이고 용기 있는 모습에 대해 즐겨 이야기했다. 그럼 당장에 이런 의문이 생긴다.

'선행은 어떤 경우에 행해지는 것일까?'

우리는 현실 세계에서 당혹스러울 정도로 대조되는 현상을 목격하고 깜짝 놀라는 경우가 적지 않다. 예컨대 주변 사람들에게는 물론이고 정부와 교회에서도 정직한 사람이라고 인정받은 이가 마음이 강퍅하고 몰인정한 사람인 반면에, 실패한 사람에게서 진정한 애정과 자기 헌신을 발견하고는 깜짝 놀라는 경우가 있지 않은가?

이번에는 세상에 알려지지 않은 선행과 관련하여, 오늘날 가장 부당하게 대우받는 사람, 즉 부자에 대해 말해보려 한다. 파렴치한 자본이라는 비난을 퍼부을 때 부자들의 행태가 결정적인 역할을 했다고 생각하는 사람들이 적지 않다. 큰 재산을 가진 사람은 불쌍한 사람들의 피로 배를 채운 괴물이라는 게 그들의 일관된 생각이다. 이처럼 과장되게 생각하지 않는 사람들도 부를 이기심이나 냉혹성과 혼동하는 것은 마찬가지이다. 무의식적인 잘못이든 의도적인 실수이든 이런 착오는 바로잡아야 한다. 물론 주변의 누구에게도 관심을 기울이지 않는 부자들이나, 순전히 남들에게 보여줄 목적으로만 선행을 행하는 부자들이 있다. 이런 부자를 구분해내는 건 그다지 어렵지 않다. 하지만 그들의 비인간적인 행동이나 위선적인 행동 때문에, 진실한 부자들이 순수한 마음으로 행하고는 수줍게 감추어진 선행의 가치까지 폄하할 이유가 있을까?

사랑하는 사람에게 닥칠 수 있는 온갖 불행을 겪은 사람도 있다. 그는 사랑하는 아내를 잃었을 뿐만 아니라 자식들까지 차례로 묻히는 걸 지켜봐야 했다. 그런데도 그는 열심히 일한 덕분에 상당한 재산을 갖고 있었다. 그는 개인적인 욕구를 최대한 억제하고 무척 단순하게 살며 자신의 재산을 활용해 선행을 베풀 기회를 꾸준히 찾았다. 그가 가난한 사람들을 어떻게 도와주었고, 또 주변 사람들의 걱정을 조금이라도 덜어주기 위해 어떤 노력을 했는지는 누구도 감히 짐작할 수 없을 것이다. 그는 다른 사람들에게 선행을 베푸는 걸 즐겼고, 사람들이 뜻밖의 선물을 받고 즐거워하는 모습을 말없이 지켜보는 걸 좋아했다. 그는 불공평한 운명을 바로잡고, 불운의 늪에 빠진 사람들이 행복의 눈물을 흘리게 하는 걸 좋아했다. 그는 이처럼 남몰래 베푸는 선행이 들키지나 않을까 어린아이처럼 두려워하며 주변 사람들 몰래 도울 방법을 이리저리 생각했다. 그가 이 땅에서 베푼 가장 훌륭한 선행은 그의 사후에야 세상에 알려졌지만, 영원히 알려지지 않은 선행은 얼마나 많겠는가?

그는 모든 것을 나눠 가지려는 진정한 평등분배론자였다. 하지만 평등분배론자도 두 종류로 나뉜다. 첫째는 다른 사람들의 재산 중 일부를 자기 것으로 차지하려는 사람들이다. 이 부류에 속하는 사람이 다수이고 대체로 비속한 편이다. 이 부류에 속하기는 쉽다. 욕심만 많으면 충분하다. 둘째로는 자신의 소유물을 가난한 사람들과 기꺼이 나누려는 사람들이다. 이 부류에 속하는 사람은 무척 드물다. 이렇게 선택받은 집단에 속하려면 개인적인 욕심을 버리고, 주변 사람들의 행복과 불행에 민감하게 공감하는 의연하고 선량한 마음을 지녀야 한다. 다행히 이런 평등분배론자의 씨가 완전히 죽지는 않았다. 그들은 바라지 않겠지만, 그들에게 경의를 표하는 것으로 나는 순전한 만족감을 느껴보려 한다.

똑같은 말을 되풀이하는 것 같지만 이해해주기 바란다. 아름다운 것에 눈을 돌리고, 후미진 곳에 베풀어지는 소박한 호의의 향기를 들이마심으로써 야비한 행위와 험담, 비관주의와 속임수가 판을 치는 세상에 대한 분노로부터 해방된다면 그보다 좋은 일이 어디에 있겠는가!

한 외국인 여자가 아직 파리 생활에 익숙해지지 않았는지, 얼마 전 파리 한복판에서 보았던 광경에 공포심까지 느꼈다며 다음과 같이 말해주었다. 그 부인은 추잡한 벽보와 선정적인 신문, 머리카락을 물들인 여자들, 경마장과 무도장과 도박장 등 타락한 곳으로 몰려드는 사람들을 보고 두려움을 느꼈다고 말했다. 한마디로, 피상적이고 세속적인 삶에 매몰된 사람들을 보고 놀랐다는 것이었다. 그녀는 타락의 도시, 바빌론이란 단어까지 거론하지는 않았는데,

그 이유는 타락의 도시인 파리에서 살아가는 나를 향한 연민 때문이었을 것이다.

"예, 부인의 생각이 맞습니다. 안타깝지만 통탄할 만한 것이 많습니다. 하지만 부인이 본 것이 전부는 아닙니다."

"하나님이 나를 지켜주셨군요!" 부인이 말했다.

"아닙니다. 제 생각에는 부인이 모든 것을 보셨으면 좋겠습니다. 추하기 이를 데 없는 면이 있지만 반대로 우리에게 위안과 원기를 주는 것들도 있기 때문입니다. 다른 지역을 둘러보시면 됩니다. 아니면 그 지역을 다른 시간에 보시든지요. 예컨대 아침의 파리 모습을 보시면, 밤에 파리에서 받았던 인상을 크게 바로잡을 수 있을 겁니다. 부지런히 일하는 사람들이 많지만, 그들 중에서도 성실한 환경미화원들을 눈여겨보시기 바랍니다. 그들은 밤새 흥청망청 놀던 건달들과 강도들이 물러나는 시간에 출근합니다. 허름한 옷을 입었지만 꼿꼿한 몸과 진지한 얼굴을 보십시오. 밤의 향연이 남긴 쓰레기를 얼마나 착실하게 쓸어내는지 보십시오. 벨사살 왕의 죽음을 예언한 글을 해독한 예언자들에 비견될 만한 사람들입니다. 환경미화원들 중에는 여자도 있고 노인도 많습니다. 추운 날이면 그들은 손에 입김을 불어넣으며 일을 합니다. 매일 그렇게 합니다. 그들도 역시 파리 시민입니다. 다음에는 변두리로 나가 작업장을 둘러보십시오. 특히 주인도 직공처럼 일하는 작은 공장을 둘러보십시오. 노동자들이 각자의 일터를 찾아가는 모습을 보십시오. 젊은 처자들도 활기에 넘칩니다. 집에서 멀리 떨어진 공장과 상점, 사무실로 향하는 모습은 쾌활하기 그지없습니다. 또 가능하면 집 안에도 들어가 보십시오. 서민의 아내가 일하는 모습을 살펴보시기 바랍니다. 남편의 월급은 많지 않고, 집도 협소합니다. 하지만 자식들은 많고 남편은 대체로 무뚝뚝합니다. 그런 서민들의 삶과 살림에 대한 것들을 오랫동안 면밀히 살펴보십시오."

나는 계속해서 말했다.

"대학생들도 만나보시기 바랍니다. 부인께서 보셨듯이 길거리에서 온갖 소동을 일으키는 학생들도 많지만, 열심히 공부하는 학생들도 무척 많습니다. 그런 학생들은 주로 실내에서 지내기 때문에 이야깃거리가 되지 않습니다. 하지만 라탱 지구의 대학생들이 얼마나 열심히 공부하고 고생하는지 부인께서 아신다면! 자신을 학구적이라 주장하는 어떤 여학생이 일으킨 소동을 크게 다룬 신문 기사를 부인께서도 보셨을 겁니다. 신문은 유리창을 깨뜨린 학생들에 대해서는 자주 보도하지만, 과학과 역사 문제로 밤늦게까지 공부하는 학생들에 대해서는 다루지 않습니다. 그 이유가 무엇이겠습니까? 그런 기사는 독자의 흥미를 끌지 못하기 때문입니다. 그런데 근면한 학생, 예컨대 의대생이 학생답게 열심히 공부하다 죽으면 그 사건은 신문에 두 줄 정도로 다루어지지만, 술꾼들의 싸움은 거의 반 칸을 차지하며 시시콜콜한 상황까지 무척 자세히 다루어집니다. 싸움판을 벌인 술꾼들의 사진이 없을 뿐입니다. 아 참, 항상 사진이 실리지 않는 건 아닙니다!"

나는 그 부인에게 마지막으로 이렇게 덧붙였다.

"부인께서 모든 것을 보았다고 말할 수 있을 정도로 꼭 봐야만 하는 것들을 전부 열거하자면 한도 끝도 없을 겁니다. 또 부유한 곳과 가난한 곳, 교육받은 사람들과 그렇지 못한 사람들까지 우리 사회 전체를 둘러봐야 할 겁니다. 그런 후에는 그처럼 가혹하게 평가하지는 못하실 겁니다. 파리는 하나의 세계입니다. 일반적으로 모든 세계가 그렇듯이, 파리에서도 선은 감추어지는 반면에 악은 유난스레 겉으로 드러납니다. 따라서 겉모습만 보면, 못된 놈들이 어떻게 그처럼 많을 수 있는지 의문을 품기 마련입니다. 하지만 속을 들여다보면, 놀랍게도 고통받는 비천하고 끔찍한 삶에도 많은 미덕이 있다는 걸 확인할 수 있습니다."

내가 이런 이야기를 길게 늘어놓는 이유가 무엇일까? 자신의 이름이 세상에 알려지는 걸 달갑게 생각하지 않는 사람들을 오히려 알리려는 것이라 생각하는가? 그렇지 않다! 그렇게 내 뜻을 오해해서는 안 된다. 내 목적을 간략하게 정리하면 다음과 같다.

세상에 알려지지 않은 선행에 관심을 기울이자는 것이다. 특히 그런 선행을 사랑하고 본받자는 것이다. 겉으로 반짝이며 눈을 즐겁게 해주는 것을 좋아하는 사람은 가망이 없는 사람이다. 첫째로는 악과 만날 가능성이 높기 때문이고, 둘째로는 시선을 유혹하는 선행에만 눈길을 주는 데 익숙해진 때문이며, 셋째로는 체면을 중시하려는 유혹에 쉽게 굴복하기 때문이다. 단역의 위치로 서서히 떨어져 관객들 앞에서만 예절을 지키고, 무대 위에서 자신에게 강요된 제약에 따른 분노를 무대 뒤에서 터뜨리는 서글픈 신세가 되고 싶지 않다면, 무명으로 삶아가는 삶을 묵묵히 받아들이고, 더 나아가 그런 삶을 사랑해야 한다. 이런 마음가짐은 도덕적인 삶을 이루는 기본적인 요소 중 하나이다.

지금까지 우리가 여기에서 언급한 내용은 흔히 서민이라 일컬어지며 운명적으로 세상의 주목을 받지 못하는 사람들에게만 적용되는 게 아니다. 이른바 세상의 주역에게도 똑같이, 아니 더 확실하게 적용되는 가르침이다. 따라서 겉치레만 요란한 무용지물, 즉 겉으로는 깃털 장식과 황금줄로 멋지게 꾸몄지만 뱃속에는 아무것도 없는 사람이 되고 싶지 않다면, 당신과 함께하는 사람들 중 상대적으로 덜 알려진 사람처럼 단순한 마음으로 당신의 역할을 해내야 한다. 남들이 보는 앞이나 남들이 보는 시간에만 가치 있는 사람은 아무런 가치도 없는 사람이다. 세상 사람들이 모두 지켜보는 앞줄에서 행진하는 명예롭지만 위험한 역할을 맡았다면, 세상 사람들이 보지 않는 곳에서 조용히 선행을 베풀며 내면의 성소를 더욱더 정성껏 유지해야 한다. 주변 사람들이 앞면만 바라보는 건물에 단순함과 겸손한 성실함이란 든든한 토대를 놓은 후, 세상에 알려지지 않은 사람의 곁을 감사하는 마음으로 지켜주자! 지금 우리가 지닌 모든 것이 바로 그들에게 빚진 것이 아닌가? 땅속에 감추어진 돌이 건물 전체를 떠받치고 있다는 진실을 직접 경험하며, 우리에게 용기를 북돋워 주었던 사람들이 바로 그 증거이다.

요컨대 세상에서 어느 정도 가치를 인정받은 사람들은 과거의 겸손한 영적인 조상, 즉 지금은 잊혀진 인도자에게 빚진 사람이다. 농부와 여성, 삶의 패배자, 대단찮게 보이지만 존경받아 마땅한 부모 등 세상에 알려지지 않은 소수의 선인善人은 아름답고 고결한 삶의 화신이다. 그들은 우리에게 영감과 힘을 돋워주는 본보기이다. 또한 그들에 대한 기억은 우리 마음속에 언제까지나 남아 있을 것이다. 힘들고 괴로운 시간에 그들을 떠올리면 용기가 되살아나고 마음이 차분해지며, 우리 어깨를 짓누르던 짐이 한결 가벼워지는 기분이다. 그들은 보이지 않는 지원군처럼 우리 옆에 바짝 달라붙어, 우리가 전투 중에 쓰러지거나 넘어지지 않도록 지켜준다. 그들은 세상에 알려지지 않는 선행이 인류의 보물이라고 우리에게 매일 깨닫게 해주는 증거이다.

세속적 사회와 가정생활

.

제2제정 시대에 황제가 자주 찾던 해수욕장에서부터 멀리 떨어지지 않은, 프랑스에서도 아름답기로 손꼽히던 지역의 군수는 무척 존경받는 데다 똑똑하기도 했다. 그런데 국가수반인 황제가 언젠가 그의 집에서 묵을 수도 있다는 생각이 들자 갑자기 머리가 돌아버렸다. 그때까지 그는 아버지에게 물려받은 낡은 집에서 작은 유물까지 소중하게 생각하는 아들로서 살았지만, 프랑스 황제를 영접해야 한다는 생각이 그의 머릿속을 차지한 후로는 전혀 다른 사람으로 변했다.

예컨대 단순해서 그의 부모와 조상들에게 사랑받았고 그에게도 넉넉하고 편안하게 보였던 것들이 갑자기 초라하고 무시해도 상관없을 것으로 보이기 시작했다. 황제에게 이 나무 계단을 오르게 할 수는 없었다. 황제에게 이 낡은 의자에 앉으라고 권할 수도 없었다. 황제에게 이 낡아빠진 카펫에 발을 딛게 한다는 건 더더욱 용납할 수 없었다. 군수는 건축가와 석공을 불러들여 곡괭이로 칸막이벽을 허물고, 집의 다른 공간들과는 어울리지 않게 터무니없이 큰 손님 방을 마련했다. 그러다 보니 그를 비롯한 식구들은 몇 개의 비좁은 방들로 옮겨야 했고, 그런 방마다 가구들로 발 디딜 틈이 없어 모두가 불편하게 지낼 수밖에 없었다. 이처럼 정신 나간 짓으로 지갑을 비워내고 집안을 뒤집어놓은 후, 군수는 황제를 맞이할 날을 학수고대하며 기다렸다. 하지만 안타깝게도 제2제정은 막을 내렸고 결국 황제는 찾아오지 않았다.

이 불쌍한 군수의 광기는 일반적인 생각처럼 드문 것이 아니다. 그 군수처럼, 사회생활을 위해 가정을 포기하거나 희생하는 사람은 제정신이 아닌 사람이다.

이런 희생은 상대적으로 불안한 시대에 더욱더 위험하다. 우리 시대의 사람들은 끊임없이 이런 위험에 노출되어 있으며, 이미 많은 사람들이 무릎을 꿇었다. 세속적인 욕망이나 관습을 만족시키려고 지금까지 얼마나 많은 가족의 재산이 헛되이 낭비되었는가! 그런 불행한 희생이 행복의 문에 들어서기 위한 준비라고 많은 사람들이 주장했지만, 그 행복은 아직도 오지 않았다. 어떤 이유로든 가족의 편안함을 포기하고, 가족의 좋은 전통을 폐기하고, 가족의 단순한 관습을 외면하는 결정은 불합리한 짓이다. 가정생활이 사회에서 차지하는 위치는 상당히 크기 때문에 가정생활이 약화되면 그 여파에 사회조직 전체가 흔들릴 수 있다. 사회가 정상적으로 발전하려면, 고유한 가치와 뚜렷한 개성을 지닌 강인한 구성원을 사회에 공급해야 한다. 그렇지 않으면, 사회는 양치기가 없는 양 떼가 되기 십상이다.

그렇다면 우리 개개인은 자기만의 독창성을 끌어와야 할까? 여기에서 독창성이란 남들과 다른 면이기는 하지만, 다른 사람들의 독특한 개성과 결합되어 한층 풍요롭고 견고한 사회를 만들어가는 능력을 뜻한다. 그런데 개인의 독창성을 키울 곳은 가정밖에 없다. 가정은 개인적인 관습과 기억의 창고이며, 축소된 사회이다. 따라서 이런 가정을 파괴한다는 것은 개성의 원천을 말려버리고, 공공심公共心의 뿌리를 끊어버리는 짓이다.

국가를 위해서도 각 가정은 근원적이고 존중받는 하나의 세계가 되어 구성원들에게 지워지지 않는 영향력을 남기는 것이 중요하다. 그러나 이 문제에 대한 이야기를 계속하기 전에 오해 하나를 풀고 넘어가도록 하자.

좋은 것이면 항상 그렇듯이, 가족의식esprit de famille도 가족 간의 이기주의라고 손가락질받는 경우가 많다. 하기야 외부 세계를 착취하려고 강력하게 조직된 성채처럼 여겨지는 폐쇄적인 가족이 있기는 하다. 그들은 자신들과 직접적으로 관계가 없는 문제에는 철저히 무관심하다. 그들은 남들과 함께하는 사회에서도 거의 이방인처럼 살아간다. 심하게 말하면, 침입자처럼 처신한다. 그런 배타주의가 극단까지 치우치면 인류에 대한 적이 된다. 비유해서 말하면, 그런 가정은 역사적으로 때때로 등장하여 세계의 지배권을 장악하고 다른 사회의 존재를 인정하지 않았던 강력한 사회와 유사하다. 가정이 사회의 안녕을 위해 반드시 없어져야 할 이기주의의 본산으로 간혹 해석되는 이유도 여기에 있다. 그러나 연대의식과 당파심이 크게 다르듯이, 가족의식과 가족적 파벌의식은 완전히 다른 것이다.

물론 여기에서 다루려는 것은 가족의식이다. 가족의식만큼 중요한 것은 세상 어디에도 없다. 가족의식에는 사회제도의 효력과 지속성을 보장해주는 크고 작은 미덕이 잠재되어 있기 때문이다. 가족의식의 근저에는 과거에 대한 존중이 자리 잡고 있다. 가족에게 가장 소중한 것은 공통된 기억이다. 분할할 수도 없고 양도할 수도 없는 신성한 자본이라 할 수 있는 공통된 기억은 가족의 성스러운 자산이다. 가족 구성원이면 누구나 공통된 기억을 가장 소중한 것으로 받아들인다. 그 기억은 주로 두 가지 형태로 존재한다. 하나는 추상적인 관념이고, 다른 하나는 구체적인 사실이다. 추상적인 형태에서는 언어, 생각의 방향, 감정과 본능 등에서 공통된 흔적을 발견할 수 있으며, 물질적인 예에서는 초상화, 가구와 건축물, 의복과 노래 등에서 공통된 흔적이 발견된다. 이방인의 눈에는 그런 흔적이 아무것도 아닌 것처럼 보이지만, 가족의 일원으로 그 흔적의 가치를 알고 있는 사람에게는 어떤 경우에도 포기할 수 없는 소중한 유물이다.

그러나 우리가 지금 살고 있는 세계에서는 대체로 어떤 일이 일어나고 있는가? 사회적 삶이 가족의식과 주도권을 두고 다투고 있다. 어떤 다툼에나 비통한 면이 있지만, 적어도 내 경험에는 사회적 삶과 가족의식 간의 주도권 다툼만큼이나 처절한 다툼은 없는 듯하다. 이른바 세속의식 esprit mondain 이 크고 작은 수단을 동원하고, 온갖 형태의 새로운 관례와 욕망과 주장을 앞세우며 가정이란 성소에 파고들었다. 세속의식은 대체 무슨 권리와 자격으로 가정에 침입하는 것인가? 또 어떤 근거에서 그처럼 단호히 자기의 권리를 요구하는 것인가? 이런 의문을 제기하는 사람은 거의 없는 편인데, 이는 잘못된 현상이 아닐 수 없다. 사치스런 방문객을 맞아 아첨하는 가련한 사람처럼 우리는 이 침략자를 대하는 듯하다. 하룻밤의 거추

장스러운 손님을 위하여 자신의 밭을 거덜 내고, 하인들과 피붙이 자식들을 괴롭히며, 자신의 일까지 등한시한다. 부당하고 무분별한 행위가 아닐 수 없다. 우리는 어떤 상대를 맞이하더라도 자신의 본래 모습을 견지하는 용기가 있어야 한다.

세속의식에는 파렴치하고 후안무치한 면이 많다. 과거에도 그랬지만 지금도 뛰어난 인물을 꾸준히 키워내는 단순한 가정이 있다고 해보자. 이런 집안에서는 사람과 가구와 관례 등 모든 것이 조화를 이룬다. 결혼을 통해서, 혹은 사업이나 사교적 관계를 통해 이 가정에도 세속의식이 스며든다. 세속의식을 기준으로 판단하면, 모든 것이 낡고 부자연스럽고 고리타분한 것이다. 한마디로 현대적인 멋도 없다. 세속의식은 처음에는 비판과 조롱을 자제한다. 그러나 이때가 가장 위험하므로 조심해야 한다. 적이 바로 옆에 있는 셈이기 때문이다. 세속의식의 속삭임에 조금이라도 영향을 받으면 이튿날 당신은 가구 하나를 없애버릴 것이고, 그 이튿날에는 좋은 전통 하나를 제물로 바칠 것이다. 당신의 마음속에서 소중한 위치를 차지했던 가족의 유물들이 하나씩 고물상으로 옮겨갈 것이고, 결국에는 효심도 사라질 것이다.

새로운 관습과 달라진 환경에 옛 친구들과 늙은 부모는 낯선 곳에 내던져진 듯 당혹스런 표정을 지을 것이다. 하지만 당신은 내친

김에 한 걸음 더 나아가, 이번에는 그들을 멀리할 것이다. 세속의식의 원칙은 낡은 것을 없애버리는 것이기 때문이다. 이리하여 완전히 달라진 환경이 갖추어지면, 당신 자신도 새로워진 환경을 보고 놀랄 것이다. 주변에는 옛것을 떠올려줄 만한 것이 전혀 없지만, 세속의식은 이래야 옳은 것이기 때문에 만족스럽다고 당신에게 속삭일 것이다. 하지만 이런 생각은 당신의 착각에 불과하다. 세속의식에 물들면, 우리는 순수한 보물을 하찮은 고철 조각인 양 내던져버린다. 하지만 새롭게 받아들인 환경이 곧바로 어색하게 느껴지고, 그 상황의 웃음거리가 된 듯한 기분에 사로잡힌다. 이어서 처음부터 당신의 생각을 당당하게 내세우며 가족을 지키는 편이 훨씬 나았을 것이라고 후회하게 된다.

많은 젊은이들이 결혼과 동시에 세속의식의 선동에 굴복한다. 부모 세대는 절제하는 삶의 본보기를 보여주었지만, 새로운 세대는 자신들의 판단에 가부장적이라 여겨지는 삶을 거부하고, 자신들의 방식으로 자유롭게 살아갈 권리를 주장할 수 있다고 생각한다. 새로운 세대는 큰돈을 들여서라도 최신 유행을 쫓아가려 애쓰고, 유용한 물건들을 헐값에 팔아버린다. 우리에게 '기억해줘요!'라고 애틋하게 호소하는 물건들로 집을 꾸미지 않고, 아무런 철학도 담기지 않는 완전히 새로운 물건들로 가구를 채운다. 아, 내가 착각했다. 그 물건들은 어떤 철학도 담기지 않은 것이 아니라, 안이하고 피상적인 삶의 상징물이라 할 수 있다. 그 물건들의 곁에 있으면 세속의식에 찌든 독한 냄새가 코를 찌른다. 허례를 중시하는 삶, 호화로운 삶, 혼잡스런 삶과 밀접히 관련된 물건들이다. 가끔 그런 물건들을 잊으려고 노력하더라도 그 물건들은 우리 생각을 되살려내며 다른 의미로 "기억해줘요!"라고 우리에게 속삭인다. 이때 "기억해줘요!"는 클럽과 극장과 경마장에 갈 시간을 잊지 말라는 뜻이다. 그러다 보니 가정은 구성원들이 바깥에서 한참 동안 나돌다가 잠깐 휴식을 취하며 머무는 임시거처로 전락해버린다. 집에 오랫동안 머무는 습관은 바람직하지 않다. 집에는 우리 영혼에 말을 걸어줄 만한 영혼이 없다. 잠자는 시간과 식사하는 시간이 끝나면 즉시 집을 나서야 한다. 그렇지 않으면 세상을 등진 사람처럼 무력한 존재가 될 수도 있다.

외출하는 걸 광적으로 좋아해서 자신이 사방에 얼굴을 내밀지 않으면 세상이 멈춰버릴 거라고 생각하는 사람을 한두 명쯤은 알고 있을 것이다. 그들은 집에만 죽치고 있는 걸 가장 싫어한다. 그들은 집에서 지내는 걸 죽음보다 싫어한다. 집에서 공짜로 빈둥대며 즐기는 것보다, 돈을 들여서라도 밖에서 지루하게 지내는 걸 더 좋아한다.

우리 사회는 조금씩 양 떼와 같이 무리 짓는 삶을 향해 다가간다. 그런데 양 떼와 같은 삶을 공적인 삶과 혼동해서는 안 된다. 양 떼의 삶은 양지에 모여드는 파리 떼와 비슷한 삶이다. 인간의 세속적인 삶은 어떤 경우에나 거의 비슷하다. 이런 보편적인 진부함이 공공심의 본질 자체를 해친다. 세속의식이 현대사회에 끼친 폐해를 확인하기 위하여 멀리까지 눈을 돌릴 필요는 없다. 우리가 근본과 균형감, 냉철한 상식과 진취성을 제대로 갖추고 있지 못하다면, 그 이유 중 하나는 가정생활의 쇠퇴에 있다. 일반 대중은 화려한 사교계를 선망했고, 따라서 세속적으로 변해갔다. 집을 나와 술집에 가는 것도 사교를 위한 세속적 활동에 속하기 때문이다. 불량한 주거환경과 불편함만으로는 사람들을 집 밖으로 끌어내는 풍조가 충분히 설명되지 않는다. 아버지 세대와 할아버지 세대가 그토록 좋아하던 집을 멀리하고 농부가 주막에서 맴도는 이유가 무엇일까? 집은 여전히 그 자리에 그대로 있고, 벽난로에서 불이 활활 타오르는 것도 예전과 똑같다. 옛날에는 남녀노소가 모두 벽난로 앞에 붙어 앉아 밤을 보냈는데 요즘에는 그렇게 모이지 않는 이유가 무엇일까? 사람들의 머릿속에서 뭔가가 변한 게 분명하다. 사람들이 불량한 욕망에 굴복하고, 단순함과 단절했기 때문이다. 아버지들은 가장家長이란 명예로운 지위를 그만두었고, 부인들은 아궁이 옆에서 홀로 따분하게 지내고, 자식들은 끝없이 서로 다투며 각자 집을 떠날 날을 기다리는 게 현실이다.

　이제부터라도 가정생활과 가정의 전통적 가치를 다시 배워야 한다. 과거의 흔적을 보존하려는 정성스런 마음이 있었던 까닭에 적잖은 기념물과 유적이 지금까지 유지되었다. 마찬가지로 전통의상과 지방 사투리와 옛 민요도 세상에서 사라지기 전에, 그것들을 모아두려는 경건한 손길이 있었던 덕분에 지금까지 전해지는 것이다. 위대한 과거의 파편들, 조상의 영혼이 남긴 흔적들을 간직하면 얼마나 좋겠는가! 가족의 전통을 되살려낼 수 있도록 노력해보자.

　그런데 모든 가정에 간직하고 유지할 만한 전통이 있는 것은 아니다. 가정생활을 되살려내고 장려하려는 노력을 배가해야 하는 이유가 바로 여기에 있다. 식구가 많고 경제적으로 넉넉하게 살아야 가정생활이 꾸려지는 것은 아니다. 가정을 꾸리기 위해서는 먼저 가족의식이 있어야 한다. 작은 마을에도 고유한 역사와 윤리적인 흔적이 있듯이, 작은 가정에도 고유한 영혼이 있을 수 있다. 그 영혼을 장소의 정령, 집안에서 우리를 에워싸고 있는 기운 등 무엇이라 불러도 상관없다. 여하튼 가정은 신비로움으로 가득한 세계이다. 어떤 집에서는 문턱을 넘어서는 순간 냉기가 온몸에 파고들며 불편한 기운이 밀려온다. 게다가 말로 표현하기 힘든 뭔가가 우리를 밀어내는 듯한 기분이다. 반면에 어떤 집은 문을 열자마자 따뜻하고 자애로운 기운이 온몸을 감싼다. 흔히 벽에도 귀가 있다고 말하는데, 나는 벽에도 목소리가 있다고 말하고 싶다. 우리 귀에 들리지 않는 웅변이랄까? 이런 이유에서 어떤 집이든 집에 있는 물건들에서 집주인의 마음 상태를 짐작할 수 있다. 혼자 사는 독신 남녀의 집에서도 이런 기운의 증거가 확인된다. 어떤 방에서는 나태함과 무관심과 세속성이 느껴지고, '어떻게 되든 나하고는 상관없어!'라는 방주인의 인생관은 책이나 사진을 정돈하는 방법에서도 읽혀진다. 또 어떤 방에서는 삶의 즐거움과 활력이 느껴진다. 따라서 방문객은 방 안의 모든 것이 "잠시 이곳을 찾아주신 손님, 그대가 누구이든 당신에게 복이 있길 빕니다. 평화가 당신과 함께하기를!" 하고 자신에게 말하는 듯한 느낌을 받는다.

가정생활의 힘은 아무리 강조해도 지나치지 않은 듯하다. 예컨대 창가에서 사랑받으며 자라는 꽃이나, 할아버지가 옛날부터 앉아 주름진 양손으로 손자들의 통통한 뺨을 어루만지던 오래된 안락의자의 매력을 생각해보라. 하지만 지겹도록 옮겨 다니고 변신을 거듭해야 하는 불쌍한 현대인들! 도시와 집, 관습과 믿음의 형태를 바꾼 까닭에 이제 우리가 머리를 대고 쉴 곳마저 잃어가고 있다. 가정생활을 포기함으로써 그러잖아도 불확실한 우리 삶의 슬픔과 공허감을 더는 키우지 말자. 싸늘하게 식은 벽난로에 다시 불을 지피고, 누구도 넘볼 수 없는 안식처를 만들자. 아이들이 어른으로 성장하고, 사랑이 은밀히 속삭여지는 따뜻한 보금자리를 만들자. 할아버지와 할머니를 위한 휴식처가 되고, 기도의 제단이 되며, 조국을 위한 경배장이 되는 공간을 만들자!

단
순
한

아
름
다
움

·

'미학'이라는 이름으로 단순한 삶에 반론을 제기하고 싶은 사람도 있을 것이다. 또 사치는 기업의 섭리이고, 예술의 옹호자이며, 문명화된 사회의 장식이란 점에서 유용하다는 이론으로 단순한 삶의 필요성을 역설하는 우리를 향해 반박하고 싶은 사람도 있을 것이다. 이런 사람들에게 다음과 같은 짤막한 말을 해주고 싶다.

내가 이 책에서 권하는 정신은 결코 실리주의가 아니라는 것을 이미 모두가 알아차렸을 것이다. 우리가 여기에서 추구하는 단순함은 수전노가 인색하게 자신에게 강요하는 단순함이나 편협한 마음을 가진 사람이 잘못된 엄격주의로 자신에게 강요하는 단순함과 다른 것이다. 이 둘 사이에 조금이라도 공통분모가 있다고 생각하면 큰 착각이다. 수전노에게 단순한 삶은 비용을 아끼고 또 아끼는 싸구려 삶을 뜻한다. 편협한 마음을 지닌 사람의 경우, 단순한 삶은 인생에 즐거움을 주는 모든 것을 멀리하는 음울하고 무미건조한 삶을 뜻한다.

부유한 사람들이 재산을 쌓아두지 않고 유통시킴으로써 경제를 활성화시키고 예술계에 활력을 준다고 해서 잘못된 것은 아니다. 그들은 특권적 상황을 바람직한 방향으로 활용하는 것이다. 우리가 비판하려는 것은 어리석은 낭비와 부의 이기적인 사용이다. 특히, 먹고사는 문제를 해결하는 데 급급한 사람이 불필요한 것을 욕심내는 행위를 비판하려는 것이다. 호화로운 삶과 무분별한 낭비로 우리 사회를 흐리는 방탕자의 사치와 예술을 후원하는 사람의 사치가 우리 사회에 똑같은 영향을 미치지는 않을 것이다. '사치'라는 단어는 같지만 그 의미는 완전히 다르다. 사치에는 돈을 뿌린다는 뜻만이 있는 것이 아니다. 돈은 어떻게 뿌리느냐에 따라 그 품격이 달라진다. 요컨대 같은 돈을 뿌리더라도 사람의 품격을 올려주는 방법이 있는 반면에, 반대로 그 품격을 떨어뜨리는 방법도 있다. '돈을 뿌린다'는 표현에는 그 사람이 많은 돈을 갖고 있다는 전제가 깔려 있다. 따라서 재산이 별로 없는 사람이 호화로운 삶을 사랑하게 되면 문제가 완전히 달라진다. 그런데 재산을 아껴 써야 할 사람들이 함부로 재산을 낭비하는 요즘 현상을 보면 놀라지 않을 수 없다.

아낌없이 베푸는 선심이 사회적 선행이란 점에서는 기꺼이 동의한다. 또한 엄밀하게 말하면 부자들의 후한 인심은 넘치는 부를 자연스레 흘려보내는 밸브로 여겨질 수 있다는 주장에도 반박하고 싶지는 않다. 다만 절약하는 삶이 자신에게 이익이고 의무인 데도 그런 밸브를 만지작대는 사람이 지나치게 많다는 걸 지적해두고 싶을 뿐이다. 그들의 사치와 욕심은 개인적으로도 불행이지만 사회적으로도 위험 요인이기 때문이다.

유익한 사치에 대해서는 이 정도로만 해두자.

이제부터 미학이란 문제에 대한 내 생각을 조심스레 제시해보려한다. 그렇다고 전문가의 영역까지 침범할 생각은 추호도 없다. 많은 사람들이 단순함과 아름다움을 완전히 상반된 것이라 생각하지만, 실제로는 그렇지 않다. 한마디로 그런 생각은 착각이다. 단순한 것이 추한 것이 아니듯이, 지나치게 꾸미고 과도하게 기교를 부린 것이나 값이 비싼 것이 아름다운 것도 아니다.

눈에 거슬리는 원색적인 아름다움과 돈에 좌우되는 예술, 매력도 없고 영혼도 없는 사치품에 우리 눈은 상처를 받는다. 아쉽게도 부는 좋지 못한 취향과 결부되기 쉬워서 지나치게 많은 돈이 유통되면 저속한 작품을 대거 쏟아낸다. 문학계와 마찬가지로 미술계도 단순함이 사라지고 지나치게 작위적이고 현학적인 장식과 부자연스런 상상이 더해지고 있다는 심각한 문제에 봉착해 있다. 선과 색과 형상에서 완벽에 가까운 단순함을 음미할 기회가 요즘에는 거의 주어지지 않는다. 논리적으로 자명한 것이 머리에 강한 인상을 남긴다면 그런 단순함은 우리 시선에 강한 인상을 남기기 때문이다. 우리는 아름다운 작품에 담긴 이상적인 순수함을 반복해서 보는 과정을 통해 단련되어야 한다. 이상적인 순수함은 어떤 걸작에나 일종의 성흔^{聖痕}을 남기는데, 그 순수함에 담긴 한 줄기 광채가 호화로운 전시물들을 전부 합해놓은 것보다 더 낫다.

하지만 여기에서 다루려는 것은 삶과 관련된 일상의 미학이다. 다시 말하면, 집과 우리 자신에 매력을 더해주려면 어떻게 꾸며야 하는지에 대해 말해보려 한다. 우리에게 반드시 필요하지는 않지만 있으면 더 좋은 것에 관심을 갖느냐, 갖지 않느냐는 결코 간단히 넘길 문제가 아니기 때문이다. 우리가 삶에 영혼을 담고 있느냐, 그렇지 않느냐가 여기에서 구분된다. 나는 외적인 형태를 아름답게 꾸미고 가꾸는 노력을 불필요한 짓이라 생각하기는커녕 가능하면 많이 시도해야 한다고 생각한다. 자연이 그 본보기라 할 수 있다. 우리가 짧은 하루를 위해 동원하는 아름다운 파편들을 경멸하는 사람이 있다면, 하루살이 꽃을 치장하는 데도 영원불멸한 산을 꾸밀 때와 똑같은 정성과 사랑을 쏟은 창조주의 뜻을 이해하지 못하는 사람일 것이다.

그러나 진정한 아름다움과 이름뿐인 아름다움을 혼동케 하는 천박한 시험에 빠져서는 안 된다. 어떤 존재의 아름다움과 시적인 정취는, 우리가 그것에 부여하는 의미와 밀접한 관계가 있다. 집과 식탁과 옷차림에는 우리의 의도가 담겨 있어야 한다. 그런데 어떤 의도를 표현하려면 먼저 그 의도를 마음에 품어야 하고, 그 사람은 어떻게든 지극히 단순한 방법으로 그 의도를 겉으로 표현할 수 있다. 부자만이 집과 옷을 우아하고 매력적으로 꾸밀 수 있는 것은 아니다. 미적 감각과 선의만 있으면 충분하다. 이쯤에서 우리 모두에게 무척 중요하지만, 일반적으로 남자보다 여자가 더 많은 관심을 갖고 있는 문제를 다루어보자.

여자들에게 조잡한 천으로 옷을 지어 입게 하거나, 밋밋하고 단조로운 옷으로 몸을 가리게 하는 사람은 자연을 능욕하고 세상의 원리를 무시한 것이다. 옷이 추위와 비로부터 몸을 지키기 위한 보호 장치에 불과하다면 자루용 삼베나 짐승 가죽으로도 충분할 것이다. 하지만 옷은 그 이상의 것이다. 인간은 뭔가를 만들면, 그 안에 자신의 전부를 담는다. 또한 인간은 자신이 사용하는 것을 기호로 바꾼다. 이런 의미에서 옷은 단순한 덮개가 아니라 하나의 상징적 기호이다. 국가나 지역마다 서로 다른 다채로운 전통의상을 입고, 프랑스의 경우에는 과거에 동업조합들이 다른 조직과 차별화하려고 입었던 고유한 의상이 그 증거라 할 수 있다.

여성의 몸단장도 우리에게 많은 것을 말해준다. 몸단장에 많은 의미가 담겨 있을수록 그 가치가 높아진다. 몸단장이 진정한 아름다움으로 여겨지려면 자기만의 참된 멋을 전해줄 수 있어야 한다. 세상의 모든 돈을 쏟아붓더라도 그 몸단장이 당사자와 아무런 관계도 없다면, 자기만의 개성을 드러내지 못한 가면에 불과하다. 유행을 무분별하게 좇기만 하는 몸단장은 고유한 아름다움을 드러낼 수 없기 때문에 여성성의 주된 매력까지 없어진다. 따라서 가치가 담기지 않고 그저 예쁘다고 생각하는 것들은 여성의 고유한 아름다움을 해치는 데 그치지 않고, 남편이나 부모의 지갑에도 큰 타격을 준다.

어떤 젊은 아가씨가 자신의 생각을 표현하는 데 정밀하게 잘 다듬어진 표현을 사용하지만, 그 표현이 대화집의 표현을 그대로 모방한 것에 불과하다면 그 아가씨에게 무엇이라 충고해주겠는가? 당신이라면 그렇게 완전히 모방한 표현에서 매력을 느낄 수 있겠는가? 몸단장도 마찬가지이다. 그 자체로는 아름답게 꾸몄더라도 다른 사람들과 구분되지 않는다면 무슨 매력이 있겠는가?

이쯤에서 작가 카미유 르모니에Camille Lemonnier 의 글을 인용해 몸단장에 대한 내 생각의 타당성을 뒷받침해보려 한다.

자연은 여성의 손가락에 매력적인 능력을 부여했다. 여성이 본능
적으로 배우는 것으로, 누에가 명주실을 자아내고 민첩하고 명민
한 거미가 거미줄을 만들어내듯 여성만이 지니는 능력이다. (…)
여성은 자신만의 우아함과 순진함을 표현해내는 시인이다. 여성
은 신비로움을 자아내고, 상대의 마음을 사로잡으려는 욕망에 그
신비로움을 입힌다. 그런데 여성이 다른 부분에서 남성에 필적하
려고 보여주는 재능들은, 몸단장을 위해 작은 천 조각에 쏟는 독
창적인 발상과 착상에 비하면 턱없이 부족하다.
따라서 나는 여성의 그런 능력이 지금보다 훨씬 더 높이 존중되
기를 바란다. 교육이 각자 고유한 정신으로 생각하고 고유한 마
음으로 느끼는 방법을 가르치고, 순응이란 원칙을 위해 억눌리고
획일화되던 내면의 잠재된 자아와 개인적인 작은 사건을 겉으로
표현하는 방법을 가르치는 데 있듯이, 훗날 어머니가 될 어린 아
가씨가 몸단장이란 미학을 일찍부터 탐미하며 자신의 옷을 직접
짓고, 나중에는 자식들에게도 직접 옷을 지어 입히는 사람이 되
었으면 좋겠다. (…) 그러나 여성은 자신의 솜씨와 개성을 드러낼
수 있는 걸작, 즉 '드레스'를 즉흥적으로 지어내며 자신의 취향과
개성을 표현하는 능력을 일찍부터 키워가야 할 것이다. 그런 드
레스가 없다면 여성은 누더기 더미에 불과할 테니까.

FOLLOW
THE FASHION

HANDMADE

자신이 직접 만든 옷은 대부분의 경우 당사자에게 가장 잘 어울리는 옷이다. 여하튼 당사자에게 가장 큰 즐거움을 주는 옷이다. 안타깝게도 우리 여성들이 이런 사실을 잊고 지내는 듯하다. 양장점과 모자 판매점에서 옷과 모자를 구입하게 된 이후로 대중의 옷차림에서 우아함이 거의 사라져버렸다. 양장점과 모자 판매점은 유행을 그럴듯하게 모방한 옷과 모자를 판매할 뿐이기 때문이다. 하지만 공장에서 일하든 밭에서 일하든 간에 전통적인 옷을 입고 단순하게 꾸민 젊은 아가씨들의 싱그러운 모습만큼 남자들의 마음을 사로잡을 만한 것이 세상에 또 있을까?

이런 생각은 집을 정돈하고 꾸미는 방법에도 똑같이 적용될 수 있다. 삶에 대한 생각을 고스란히 드러내는 몸단장, 시詩에 비유되기에 충분한 모자, 예술작품이라 해도 부족하지 않은 장식 매듭이 있다면, 집을 정돈하는 방법에도 나름의 고유한 가치를 갖는 여러 방법이 있기 마련이다. 집을 아름답게 꾸민다는 구실로 고유한 가치를 지닌 개성적인 멋을 없애버리는 이유가 무엇인가? 우리 침실을 호텔 객실처럼 꾸미고, 우리 거실을 기차역 대합실처럼 꾸미며 어디에서나 이른바 '공식적인 아름다움'이란 획일적인 형태를 받아들이는 이유가 대체 무엇인가?

어떤 도시에서는 어디를 가나 똑같은 형태의 집을 만나고, 어떤 나라에서는 도시의 형태가 짜증 나도록 똑같고, 심지어 광대한 대륙에서도 똑같은 모양의 국가들을 마주해야 한다면 얼마나 불행한 일이겠는가! 단순함이 더해질 때 아름다움도 더해진다! 따라서 단순함을 추구할 때 우리는 싸구려 모조 장식품, 즉 겉은 화려하지만 속은 따분하고 천편일률적인 장식품 대신에 무한히 다양한 창작품을 만들어낼 수 있을 것이다. 독창적인 물건은 우리 눈을 사로잡기 마련이며, 다양한 형태로 표현되어 우리에게 즐거움을 줄 것이다. 게다가 인간의 고유한 개성이 함축된 독창성은 옛것에도 큰 가치를 더해주기 때문에, 우리는 태피스트리와 가구와 지붕에도 그 독창적 아름다움을 응용하는 비결을 찾아낼 것이다.

끝으로 더 단순한 것으로 넘어가, 이 시대의 많은 젊은이들이 하찮기 그지없다고 생각하는 사소한 집안일에 대해 살펴보자.

가정을 유지하는 데 필요한 물리적인 일거리에 대한 젊은이들의 경멸은 흔하지만 결국 바람직하지 않은 혼동에서 비롯된다. 시적인 아름다움이 어떤 것에는 있지만 어떤 것에는 없다고 생각하는 착각이 그 혼동의 원인이다. 따라서 그들의 생각에 따르면, 글을 쓰거나 하프를 연주하는 것처럼 고상하고 우아한 일이 있는 반면, 구두를 닦고 방을 청소하거나 먹을 것을 준비하는 것처럼 하찮고 조잡한 일도 있다. 하지만 이런 구분은 유치하기 그지없는 잘못된 것이다!

하프와 빗자루는 일의 구분과 아무런 관계가 없다. 모든 것은 하프와 빗자루를 잡는 손과, 그 손에 생명력을 불어넣는 정신에 달려 있다.

　시적인 아름다움은 사물 자체에 있는 것이 아니다. 시적인 아름다움은 우리 내면에 존재한다. 조각가가 대리석에 자신의 꿈을 새기듯이 우리는 사물에 시적인 아름다움을 부여해야 한다. 우리 삶과 일이 외적으로는 화려한 데도 별다른 매력을 발산하지 못한다면, 우리가 삶과 일에 어떤 시적인 아름다움도 더하지 못했기 때문이다. 예술의 극치는 무기력한 것에 활력을 불어넣고, 야만적인 것을 우아하게 길들이는 데 있다. 나는 우리 시대의 젊은 아가씨들이 영혼이 없는 것에 영혼을 불어넣는, 진정한 능력을 개발하는 데 노력하기를 바란다. 말로 명확히 표현할 수 없지만 시인에게 '지붕이 즐거워하며 웃는다'라고 노래할 수 있게 하는 힘을 지닌, 뭔가를 가정에 끌어올 수 있는 사람은 여성뿐이다. 요정은 없다고, 이제 요정 같은 사람은 없다고들 말한다. 그러나 그렇게 말하는 사람들은 요정의 정확한 의미를 모른다. 시인들이 시로 풀어낸 요정의 원형原型은 우리 주변의 사랑스러운 여인들이다. 밀가루 반죽을 힘껏 주무르고, 찢어진 곳을 얌전히 수선하며, 미소 띤 얼굴로 환자들을 돌보고, 리본에 우아한 멋을 더하며, 튀김 요리에도 정성을 다하는 사랑스러운 여인들에게서 시인들은 요정의 모습을 보고 있는 것이다.

미술적 소양에는 우리에게 교훈을 주는 뭔가가 있는 게 분명하며, 우리 눈길을 사로잡는 것에는 우리 생각과 행동이 결국 스며들기 마련이다. 그러나 예술이란 행위와 그 행위의 결과물에 대한 감상은 일부에게만 허용된 특권이다. 아름다운 것을 소유하고 이해하며 창조해내는 특권은 누구에게나 주어지는 게 아니다. 하지만 인간이면 누구나 어디에서나 빚어낼 수 있는 아름다움이 있다. 구체적으로 말하면, 우리 아내와 딸의 손에서 잉태되는 아름다움이다. 이런 아름다움이 없다면 아무리 호화롭게 꾸며진 집이라도 썰렁한 기운이 감도는 거처에 불과할 것이다. 반면에 아내와 딸이 빚어낸 아름다움이 있다면 아무런 장식이 없는 집이라도 생기와 빛이 넘칠 것이다. 인간의 의지에 변화와 기품을 더해주며 행복까지 키워주는 힘이 많겠지만, 아내와 딸의 손이 창조해내는 아름다움만큼 보편적으로 사용되는 힘은 없을 것이다.

우리 아내와 딸은 지극히 어려운 상황에서 하찮기 그지없는 도구를 사용해서도 자신의 고유한 가치를 발휘하는 방법을 알고 있다. 예컨대 방이 비좁고 탁자가 초라한 데다 예산마저 제한적이더라도 재능을 타고난 여자라면 그 방을 깔끔하게 정돈하며 품위 있게 꾸미는 방법을 찾아낸다. 재능이 있는 여성은 어떤 일을 하더라도 그 일에 정성을 다하며 예술적 가치를 더한다. 그런 여성의 생각에, 우리가 마땅히 해야 할 일을 훌륭하게 해내는 것은 부자의 특권이 아니라 모든 인간의 권리이다. 이런 이유에서 그들은 그 권리를 행사하며, 모든 것을 고용인에게 맡기는 부유한 집에서는 찾아보기 힘든 매력과 품위를 자신의 집에 더하는 것이다.

삶을 이렇게 이해하면, 우리 삶은 미지의 아름다움과 친근한 매력과 내적인 만족으로 채워져 있다는 걸 어렵지 않게 확인할 수 있다. 본래의 자신을 유지하고, 마음이 거북하지 않은 환경에 거주하며 그 환경에 적합한 아름다움을 창조해낼 수 있다면, 그야말로 이상향일 것이다. 여성의 사명이 활력 없는 사물에 영혼을 주고, 아무리 야만적이고 무감각한 사람이라도 충분히 감지할 수 있는 매력적이고 섬세한 표현을 통해 그 자애로운 영혼에 부여하는 것이라면, 깊이에서나 의미에서 여성은 얼마나 중대한 사명을 띠고 있는가! 자신이 갖고 있지 않는 것을 부러워하며, 자신에게 어울리지 않는 장식물을 어설프게 흉내 내려는 욕심보다, 단순한 아름다움의 추구가 훨씬 더 가치 있지 않은가?

사
회
적

관
계
에
서
의

자
존
심
과

단
순
함

.

더 나은 삶, 더 평화롭고 건강한 삶을
방해하는 가장 큰 요인이 우리 자신에게 있다는 걸 입증하는 데 있
어 자존심보다 더 확실한 요인을 찾아내기는 사실상 어려울 것이
다. 사회적 상황이 다양한 데다 때로는 극명하게 대비되기 때문에
살다 보면 필연적으로 온갖 형태의 갈등이 빚어지기 마련이다. 그
러나 외적인 기준에 따라 그어진 경계를 다른 관점에서 보면, 하나
의 사회에 소속된 구성원들의 관계는 단순화될 것이다! 사람들의
불화를 초래하며 사이를 멀어지게 하는 것은 계급이나 지위의 차이
가 아니며, 현격하게 다른 형태로 나타나는 운명도 아니다. 만약 그
렇다면 동료와 동지, 즉 관심사가 유사하고 비슷한 운명을 지닌 사
람들 사이에는 그야말로 목가적인 평화가 지배해야 하지 않겠는가!

하지만 누구나 알고 있듯이 가장 악착스런 다툼은 비슷한 사람들 사이의 다툼이며, 내전만큼 나쁜 전쟁도 없다. 인간의 상호 이해를 방해하는 원인은 누가 뭐라 해도 자존심이다. 자존심이 인간을 고슴도치로 만들어버린다. 고슴도치는 상대가 건드리면 필연적으로 상대에게 상처를 줄 수밖에 없는 동물이지 않은가. 먼저 높은 사람들의 자존심에 대해 살펴보자.

어떤 부자가 호화로운 사륜마차를 타고 내 앞을 지나간다고 해보자. 이때 내가 기분이 나빠지는 이유가 무엇일까? 호화로운 사륜마차 때문도 아니고, 그의 옷차림 때문도 아니다. 그가 데리고 다니는 하인들의 숫자와 당당한 태도 때문도 아니다. 그의 경멸이 내 기분을 상하게 한다. 그가 엄청난 재산을 지녔다는 이유로 내 기분이 나빠진다면, 내 성격이 비뚤어진 탓이라 생각할 수 있다. 그러나 그가 흙탕물을 튕기거나 내 몸을 밟고 넘어간다면, 또 내가 그처럼 부자가 아니기 때문에 나를 대수롭지 않게 여긴다는 태도를 공공연히 드러낸다면, 나는 당연히 그에게 반감을 품게 된다. 결국 그는 나에게 고통, 그것도 무익한 고통을 안겨주는 것이다. 그는 합리적인 동기도 없이 나를 모욕하고 능멸하는 것이다.

이처럼 나에게 상처를 주는 오만한 태도에 대해 반발하는 것은 내 안의 천박한 면이 아니라, 지극히 고상한 면이다. 내가 시샘하는 것이라고 비난하지 않기를 바란다. 나는 그 사람이 조금도 부럽지 않다! 인간으로서 내 자존심이 상처를 받았기 때문에 화가 난 것이다. 이런 기분을 뒷받침해줄 증거를 찾기 위하여 멀리까지 갈 것도 없다. 삶을 조금이라도 살아본 사람이라면 내 말을 입증해줄 만한 많은 사건을 직접 경험했을 것이다.

물질적인 이해관계가 복잡하게 얽힌 공동체에서는 부富라는 자랑거리가 상당한 지배력을 발휘하기 때문에, 사람들은 증권거래소에서 유가증권의 가치를 매기듯이 재산의 정도로 상대의 가치를 평가한다. 달리 말하면, 한 인간에 대한 평가가 금고 안에 무엇이 들었느냐에 따라 달라진다. 상류사회는 상당한 재산을 지닌 사람들로 이루어지고, 중류사회는 중간 정도의 재산을 지닌 사람들로 구성된다. 그 뒤로 약간의 재산을 지닌 사람들과 한 푼도 없는 빈털터리들이 있다. 어떤 경우에나 이 원칙에 따라 인간관계가 규정된다. 예컨대 상대적으로 부유해서 자신보다 덜 부유한 사람을 경멸하던 사람이, 자신보다 월등히 재산이 많은 사람에게 경멸을 받게 된다. 이처럼 자신을 다른 사람과 비교하는 광기가 상류사회부터 밑바닥까지 만연되어 있다. 나쁜 감정을 일부러 크게 키워내려고 마음먹은 사회인 것처럼.

하지만 잘못된 것은 부 자체가 아니라, 부에 대한 우리의 마음가짐이다. 부를 천박하게 생각하지 않는 부자도 적지 않다. 예부터 대대로 유복한 삶에 익숙한 부자들이 특히 그렇다. 하지만 그들도 부자라는 걸 지나치게 드러내지 않도록 세심하게 행동해야 한다는 것을 잊는 경우가 많다. 예컨대 남아도는 돈을 마음껏 사용하는 게 잘못은 아니지만, 그 행동이 필수품조차 없는 사람들의 감정을 상하게 한다면, 가난한 사람들 앞에서 사치스런 생활을 과시할 필요가 있을까? 인간으로서의 예의와 신중한 마음가짐이 있어야, 건강한 사람이 병에 걸린 사람 앞에서 왕성한 식욕과 달콤한 숙면, 삶의 환희를 떠벌리는 실수를 범하지 않을 것이다. 안타깝게도 이런 배려가 부족한 부자, 심지어 동정심과 신중함이 부족한 부자도 많다. 결국 남들의 시샘을 자초하고서 그런 시샘을 불평하는 것은 전적으로 그들의 잘못이 아닐까?

자신의 재산을 자랑하거나 자신도 모르게 사치의 유혹에 빠지는 사람에게 부족한 것은 분별력이다. 특히 부를 개인적인 자랑거리로 생각한다면, 유치한 혼동에 빠진 것이라 할 수 있다. 껍데기와 내용물의 가치를 이처럼 어리석게 착각하는 경우도 드물 것이다. 이 문제를 거론한다는 자체가 고역이기 때문에 이 문제에 대해서는 길게 늘어놓고 싶지 않다. 하지만 이 문제와 관련된 사람에게는 "당신이 가진 것과 당신 자신을 혼동하지 마십시오. 그리고 화려한 겉모습의 이면을 정확히 파악하려고 노력하십시오. 그러면 당신이 지금 도덕적 빈곤에 놓여 얼마나 유치한 지경에 이른지 알게 될 테니까" 라고 말하지 않을 수 없다. 자존심과 교만으로 인해 우리가 곧잘 빠지는 덫은 정말 우스꽝스럽기 그지없다. 우리를 이웃의 증오의 대상이 되게 만들며, 우리의 맑은 정신까지 빼앗아가는 교만을 경계해야 한다.

부유함을 뽐내는 사람이 망각한 또 하나는 어떤 의미에서 가장 중요한데, 소유에는 사회적 의무가 따른다는 사실이다. 개인의 재산은 개인의 존재와 자유만큼이나 정당하고 적법한 것이다. 재산과 자유는 떼어놓고 생각할 수 없는 데다, 모든 삶의 기초를 이루는 요건들이기 때문에, 이런 요건을 비판하고 공격하는 것은 많은 위험을 내포한 몽상일 수밖에 없다. 그러나 개인은 모든 점에서 사회적인 관계에 놓여 있기 때문에 하나의 행동을 하더라도 전체를 고려해야 한다. 따라서 소유는 자랑해야 할 특권이 아니라, 그 무게를 느껴야 할 책임이다. 사회적 기능을 완벽하게 해내기 위해 까다로운 수련 과정을 거쳐야 하는 경우가 있듯이, 이른바 '부'라고 칭해지는 사회적 기능에도 수련 과정이 필요하다. 소유하는 것도 일종의 기술인데, 그것도 배우기 쉽지 않은 기술이다. 부자이든 가난한 사람이든 간에 대부분의 사람들은 부유하면 되는 대로 편안히 살면

되는 것이라 생각한다. 이런 이유에서 부자로 살아가는 법을 아는 사람이 거의 없는 것이다. 마틴 루터 ^{Martin Luther}의 재밌으면서도 섬뜩한 비유에 따르면, 많은 사람들에게 부는 당나귀에게 주어진 하프와 같은 것이다. 달리 말하면, 부자들이 돈을 어떻게 사용해야 하는지 전혀 모른다는 뜻이다.

따라서 부유하면서도 단순한 사람, 즉 재산은 자신에게 맡겨진 소명을 다하기 위한 수단이라 생각하는 사람을 만나면 공손히 경의를 표해야 마땅하다. 그는 온갖 장애물과 시련을 이겨낸 사람이며, 저속한 유혹만이 아니라 미묘한 유혹에도 흔들리지 않은 대단한 사람인 게 분명하다. 또한 그는 머릿속이나 마음속에 든 것과 지갑에 든 것을 혼동하지 않고, 주변 사람들을 숫자로 평가하지 않는 사람이다. 그는 의무를 완벽하게 해내려면 자신에게 무엇이 부족한지 절실히 깨닫고 있기 때문에, 예외적인 상황에 있음에도 교만하기는커녕 겸손하게 행동한다. 한마디로 요약하면 그는 항상 인간답게 행동한다. 또한 항상 상냥하고 언제라도 남을 도우려고 애쓰며, 자신의 재산으로 장벽을 쌓아 남들과 멀어지지 않는다. 오히려 재산을 남들에게 더 가까이 다가가는 수단으로 삼는다. 부자라는 지위가 오만하고 이기적인 많은 사람들에 의해 망가지고 왜곡되었지만, 위와 같은 부자는 정의에 무감각하지 않은 사람에게 결국에는 인정받고 존중받기 마련이다. 그가 어떻게 살아가는지 지켜본 사람이라면 누구나 자신을 되돌아보며 "내가 그와 같은 상황에 있었더라면 어떻게 되었을까? 그 많은 재산을 갖고서도 자기 것이 아닌 양 행동할 정도로 겸손하고 초연하며 성실한 모습을 보일 수 있을까?"라고 자문하게 될 것이다. 세상이 존재하고 인간 사회가 존재하는 한, 이 해관계에 따른 첨예한 갈등이 존재하는 한, 시샘과 이기주의가 이 땅에서 사라지지 않는 한 단순함으로 무장한 부만큼 존중받는 것은 없을 것이다. 그런 부는 용서받는 수준을 훌쩍 넘어 사랑까지 받을 것이다.

부에서 비롯되는 오만함보다 더 해로운 오만함이 있다면, 권력에서 비롯되는 오만함이다. 여기에서 권력은 크든 작든 한 사람이 다른 사람에게 행사하는 지배력을 뜻한다. 이 세상에서 사람들 사이의 불평등한 역학관계를 방지하는 방법을 내 머리로는 생각해낼 수 없다. 여하튼 모든 조직에는 수직 관계가 존재하며, 우리는 그런 관계에서 영원히 벗어나지 못할 것이다. 그런데 권력을 좋아하는 사람은 무척 많지만 권력이 무엇인지 제대로 알고 있는 사람은 거의 없다는 현실이 걱정스럽다. 게다가 쥐꼬리만 한 권력을 쥔 사람들이 권력을 잘못 이해하고 남용하는 탓에, 곳곳에서 권력에 대한 평

판을 위태로운 지경에 빠뜨리고 있는 실정이다.

권력은 권력을 쥔 당사자에게 큰 영향을 미친다. 권력을 쥐고서도 흔들리지 않으려면 확고부동한 의지가 있어야 한다. 로마 황제들이 절대적인 권력을 휘두르던 시대에 사로잡혔던 일종의 광기는 어느 시대에나 존재하던 보편적인 질병이다. 누구에게나 내면에 잠든 폭군이 있으며, 그 폭군은 잠에서 깨어날 적절한 기회를 기다리고 있다. 그런데 그 폭군은 용납하기 힘들 정도로 권위를 왜곡하기

아이고

때문에 최대의 적이라 할 수 있다. 여기에서 사회적 분쟁, 알력과 증오가 생겨난다. 자신에게 종속된 사람에게 "내 의지에 따라 이렇게 행동해. 그것이 나를 즐겁게 해주는 것이니 그렇게 해!"라고 말하는 사람은 못된 짓을 하는 것이다. 개인에게는 권력에 저항하라고 유도하는 뭔가가 존재하는데, 그 뭔가는 원래 무척 존중할 만한 것이다. 근본에서 우리는 모두 평등하기 때문이다. 따라서 누구도 나에게 순종을 강요할 권리가 없다. 그는 그이고 나는 나이기 때문이다. 그런데도 그가 나에게 명령을 내린다면 나를 모멸하는 것이며, 그런 모멸은 용납할 수 없다.

학교나 직장, 군대나 관청에서 근무한 사람, 주인과 하인의 관계를 가까이에서 지켜본 사람, 거의 모든 곳에서 인간에 의한 인간의 지배가 행해진다는 것을 목격한 사람이면, 권력을 오만하게 휘두르는 사람들의 폐해를 정확히 파악하고 있을 것이다. 그들은 자유로운 영혼을 노예로 전락시킨다. 다시 말하면, 자유로운 영혼을 반항자로 만든다. 특히 순종하는 사람이 명령하는 사람과 밀접하게 지낼 수밖에 없는 상황에 있을 때, 특히 더 해악적이고 반사회적인 결과가 발생하는 듯하다. 대체로 가장 무자비한 폭군은 권력자의 밑에 있는 작은 폭군이다. 예컨대 공장장이나 사장보다 직공장이나 감독관이 직원들을 더 흉포하게 다루며, 대령보다 하사관이 병사들에게 더 엄격하다. 집주인 여자가 가정부보다 교육 수준이 떨어지는 경우, 둘 사이의 관계는 간수와 죄수의 관계가 되기 십상이다. 요컨대 하찮은 지위의 하찮은 권력에 도취된 이의 밑에서 일하는 사람은 거의 어디에서나 불행한 편이다.

권력을 행사하는 사람의 첫 번째 의무가 겸손이라는 사실이 흔히 잊혀진다. 오만은 권위가 아니다. 또 우리가 법은 아니다. 법은 모든 사람의 위에 존재하는 것이다. 우리는 법을 해석할 뿐이다. 그러나 다른 사람에게도 준법의 중요성을 강조하려면 우리가 먼저 법을 지켜야 한다. 인간 사회에서 명령과 순종은 '자발적 속박 servitude volontaire'이란 덕목의 양면에 불과하다. 대부분의 경우 사람들이 우리에게 순종하지 않는 이유는 우리가 먼저 순종하지 않기 때문이다.

정신적인 영향력의 비결은 단순한 명령에 있다. 달리 말하면, 단순하게 명령하는 사람들은 정신적인 영향력을 갖는다. 그들은 현실의 경직성을 단순함으로 부드럽게 달랜다. 그들의 힘은 계급장이나 지위에 있는 것이 아니다. 징계 수단에 있는 것도 아니다. 실제로 그들은 회초리나 협박 등의 수단을 사용하지 않지만 원하는 모든 것을 얻는다. 어떻게 그럴 수 있을까? 그들이 어떤 상황에도 준비가 되어 있다는 걸 누구나 느낄 수 있기 때문이다. 우리가 어떤 사람에게 시간과 돈과 열정, 심지어 목숨까지 요구할 수 있는 이유는, 그가 이 모든 것을 기꺼이 희생하겠다고 결심했을 뿐만 아니라 마음속으로는 이미 그런 희생을 끝냈기 때문이다. 이런 희생정신으로 무장한 사람이 내리는 명령에는 말로는 표현하기 힘든 힘이 있으며, 그 신비로운 힘이 그를 도와 개인적인 의무를 다해야 하는 사람들에게도 전달된다.

인간의 모든 활동 영역에는 추종자들에게 영감과 용기를 북돋워주며 행동을 독려하는 지도자가 있다. 이런 지도자의 지휘 아래 있는 조직은 기적을 이루어낸다. 그런 지도자와 함께하는 조직원들은 어떤 일이라도 해낼 수 있을 듯한 자신감을 느낀다. 속된 표현을 빌리면, 불길에라도 뛰어들 수 있을 듯한 기분이다. 그런 열정이 함께한다면 정말 불길에 뛰어드는 용기를 발휘할 수 있을지도 모른다.

그러나 높은 사람들에게만 자존심이 있는 것은 아니다. 낮은 사람들에게도 자존심이 있다. 하층민에게도 고위층의 오만함에 필적하는 오만함이 있다는 뜻이다. 두 오만의 뿌리는 같다. "법이 곧 나이다!"라고 말하는 사람은 오만하고 강압적인 존재여서 그런 태도만으로도 반발을 불러일으킨다. 하지만 하급자이면서도 성격이 괴팍해서 "법이 곧 나이다!"라고 생각하며, 자신의 위에 어떤 존재도 인정하지 않는 사람이 있다.

실제로 자신보다 우월한 사람을 만나면 짜증을 내는 사람이 의외로 많다. 그들은 모든 의견을 공격이라 생각하고, 모든 비판을 모략이라 생각한다. 또한 명령은 그들의 자유를 속박하려는 위해 행위이다. 그들은 규칙을 곧이곧대로 인정하지 않는다. 무엇인가를 존중하고 누군가를 존경한다는 것은 그들에게 정신적 공황 상태로 여겨질 수 있다. 그들은 자신들의 입맛대로 우리에게 "우리 위에는 어떤 것도 없다!"라고 말한다.

타협을 모르는 데다 지나치게 자존심이 강해 보잘것없는 위치에 있으면서도 상관이 자신을 적절하게 대우해주지 않는다고 생각하는 사람들, 지극히 착하고 인간적인 사람조차 만족시키기 힘든 사람들, 또 피해자인 양 자신의 의무를 마지못해 해내는 사람들도 오만한 부류에 속한다. 이처럼 불평불만에 싸인 사람들의 마음속에는 당찮은 자존심이 자리 잡고 있다. 그들은 자신의 지위를 순수하게 받아들이지 못하고, 터무니없는 요구와 부당한 속셈으로 자신의 삶은 물론이고 다른 사람들의 삶까지 힘들게 만든다.

주변 사람들을 자세히 연구해보면, 하층민에 속하는 사람들에게도 엄청난 자존심과 오만함이 있는 걸 확인하고는 놀라지 않을 수 없다. 오만한 자존심이란 악습의 힘은 실로 대단해서, 변변찮은 환경에서 사는 사람들도 자존심 때문에 두터운 벽을 쌓고 이웃들과 허물없이 어울리지 못한다. 그들은 주변 사람들에 대한 경멸로 높은 담을 쌓고 그 안에 틀어박혀 꼼짝하지 않는 까닭에, 그들의 오만하고 배타적인 편견 뒤에 숨어 있는 폭군만큼이나 접근하기가 쉽지 않다.

오만함은 신분의 고하를 막론하고 온 인류에게 적대감을 드러내며 음울한 지배력을 과시하고 있다. 외로움을 자초할 뿐 무익하기 그지없는 오만함은 가난한 사람에게나 부자에게나 똑같이 존재하며, 모두를 경계하고 모든 것을 복잡하게 만든다. 따라서 사회적 계급 간에 증오와 적대감이 존재하는 이유는 외적인 숙명보다 내적인 숙명 때문이라 말해도 과언이 아닐 것이다. 충돌하는 이해관계와 대조적인 상황으로 계급 간의 골이 파인다는 것은 누구도 부인할 수 없다. 그러나 여기에 오만함이 더해지면 골이 심연으로 바뀌며, 오만함만이 한쪽 기슭에서 맞은편 기슭을 향해 "너와 나 사이에는 아무런 공통점도 없다!"라고 소리칠 뿐이다.

오만함에 대한 이야기를 아직 끝내지 못했지만, 온갖 형태로 나타나는 오만함을 완벽하게 그려낸다는 것은 불가능하다. 특히 내가 오만함을 증오하는 이유는, 지식에 오만이 더해져 지식마저 빈약하게 변질되기 때문이다. 부와 권력과 마찬가지로 지식도 다른 사람들이 있기에 가능하다. 지식은 사회의 구성원 모두에게 도움이 되는 힘, 즉 사회력force sociale이다. 지식을 지닌 사람들이 그렇지 못한 사람들의 곁에서 진심으로 대할 경우에만 지식은 사회력으로 기능할 수 있다. 그런데 지식이 야망의 도구로 전락한다면 자멸의 길을 선택한 것이나 다를 바가 없다.

그럼 정직하고 선량한 사람의 오만함에 대해서는 어떻게 말해야 할까? 그들에게도 오만함이 분명히 존재하는 데다, 오만함 때문에 정직하고 선량하다는 덕목마저 가증스럽게 변하고 만다. 공명정대하면서도 다른 사람들이 행한 악행을 안타깝게 생각하는 사람은 연대책임을 느끼며 사회적 정의를 중시하는 사람이겠지만, 공명정대하지만 다른 사람들의 실수와 결함을 탓하고 경멸하는 사람은 인류애를 저버린 사람이다. 특히 이런 사람들은 자신의 장점을 허영심이란 공허한 장식물로 전락시키는데, 자애로움이 전혀 깃들지 않은 부나 순종심으로도 완화되지 않는 독단적 권위로 변질된다. 오만한 부자와 거만한 주인만큼이나 교만한 미덕도 가증스러운 것이다. 교만한 미덕을 지닌 사람은 도발적인 태도를 띠고 그렇게 행동하기 마련이므로, 우리 마음을 사로잡기는커녕 오히려 더욱 멀어지게 한다. 게다가 그런 사람에게는 도움을 받더라도 뺨을 맞은 기분이다.

이제 지금까지 말한 내용을 요약하고 결론을 내려보자.

우리 장점이 어떤 것이든 허영심을 키우는 데 도움이 되는 것은 잘못된 것이다. 어떤 장점이든 그 장점을 지닌 사람에게 그것은 일종의 책무이지, 자랑하고 뽐내야 하는 것이 아니다. 물질적인 부, 권력과 지식, 올곧은 마음과 정신이 오만한 허영심을 키우는 데 사용되면 오히려 불화의 원인이 된다. 그런 덕목을 지닌 사람이 겸손하게 행동하는 경우에만 그 덕목은 사회에 유익한 역할을 할 수 있다. 많은 장점을 가졌다면 더욱 겸손해지자. 그것은 우리가 많은 것을 빚졌다는 증거이기 때문이다. 우리가 소유하고 있는 것은 누군가에게 빚진 것이다. 그런데 그 빚을 확실히 갚을 수 있을까?

중요한 직책을 맡고 있다면, 다른 사람들의 운명이 우리 손에 달려 있다면 더욱 겸손해지자. 명철한 정신을 지닌 사람이라면 그처럼 중대한 역할을 맡기에는 자신이 부족하다고 생각할 것이기 때문이다.

지식과 학식이 깊더라도 더욱 겸손해지자. 지식은 우리가 모르는 세계의 크기를 더욱 분명히 깨닫게 하고, 다른 사람들이 찾아낸 방대한 세계에 비교하면 우리가 직접 발견한 것은 지극히 작은 부분에 불과하다는 걸 깨닫게 해주는 역할을 할 뿐이기 때문이다.

끝으로 정직하고 강직하다고 자부한다면 더더욱 겸손하게 행동하도록 하자. 자신을 정직하게 들여다보는 사람보다 자신의 결점을 자각하는 사람이 많지 않다. 또한 그런 사람은 타인에게 관대해야 하는 이유를 깨닫고, 악행을 저지른 사람을 대신해서도 마음을 아파할 수 있어야 한다는 필요성을 절감한 사람일 것이기 때문이다.

이쯤에서 다음과 같은 의문이 생길 것이다.

'우리가 살아가는 과정에서 남들과 달라야 할 때가 있기 마련입니다. 그런 경우에는 어떻게 해야 합니까? 그런 경우에도 단순함을 이유로, 사회의 올바른 기능을 위해 반드시 유지해야 할 '차이'라는 의식을 지워버려야 합니까?'

나는 능력의 구분과 지위의 차이를 없애자고 주장하는 게 아니다. 다만 인간은 계급과 지위, 의복과 재산 등으로 구분되는 게 아니라 오직 그 자체로만 구분된다는 게 내 생각이다. 여느 시대보다 우리 시대에, 순전히 외적인 면을 기준으로 한 구분은 공허하다는 게 밝혀졌다. 이제 세상의 주목을 받는 인물이 되기 위해서는 황제의 망토를 걸치거나 왕관을 쓰는 것으로는 충분하지 않다. 견장과 계급장과 휘장으로 뽐낸다고 무슨 소용이 있겠는가? 물론 외적인 상징물도 무작정 비난할 것만은 아니다. 그 상징물이 중요한 인물이나 사물을 대신한다면 나름대로의 의미와 효용성을 갖는다. 하지만 그 상징물이 더는 아무것과도 대응하지 않는다면 무익하고 위험해진다.

남들보다 두각을 나타내는 유일하게 참된 방법은 더 나은 사람이 되는 것이다. 당신이 그 자체로 존중받아 마땅한 지위에 있는 까닭에 실질적으로도 존중받고 싶다면, 먼저 당신이 그 지위에 적합한 사람이 되어야 한다. 그렇지 않으면 당신은 그 지위를 증오하고 경멸하게 만드는 원흉이 된다. 안타깝게도 우리 사이에 상호존중이 사라지고 있는 게 분명하지만, 존중해야 할 사람을 표시하는 데 적합한 장치가 없기 때문은 아니다. 오히려 높은 지위에 있는 사람은 일상의 의무를 준수하지 않아도 된다는 잘못된 편견에 그 원인이 있다. 우리는 승진해 높은 지위에 오르면 법의 규제에서 해방된다고 착각한다. 따라서 사회적 지위가 올라감에 따라 순종과 겸손이란 의무도 더욱 커진다는 사실을 망각한다. 그 결과로, 높은 지위에 있는 사람들은 책임에 상응하는 존경을 요구할 뿐 그런 존경을 받을 만한 노력은 게을리한다. 우리 사이에 상호존중이 나날이 줄어드는 이유도 여기에 있다.

우리가 삶을 살아가는 과정에서 남들과 달라야 하는 유일한 것이 있다면, 남들보다 더 나은 사람이 되려는 의지이다. 더 나은 사람이

되려고 노력하는 사람은 더 겸손해지고 더 상냥해지며, 그를 존경하
는 사람들과 한층 가까워진다. 이처럼 그가 가까운 사람들에게 속속
들이 알려지더라도 계급적 관계까지 사라지지는 않는다. 오히려 오
만함을 버린 만큼, 그만큼의 존경을 주변 사람들로부터 받게 된다.

어떻게 단순함을 가르쳐야 할까

·

단순한 삶은 마음가짐의 산물이기 때문
에 교육이 단순한 삶에 큰 영향을 미칠 수 있다는 건 당연하다.

　　어린아이들을 교육하는 방법에는 크게 두 가지가 있다. 하나는
우리 자신을 위해 아이들을 가르치는 경우이고, 다른 하나는 아이
자신을 위해 아이들을 가르치는 경우이다.

　　첫 번째 경우 아이는 부모의 소유물로 여겨진다. 요컨대 아이는
부모의 재산 중 일부여서, 부모의 다른 소유물들과 자리다툼을 해
야 한다. 부모가 애정이 함께하는 삶을 중시하면 아이는 집안에서
가장 중요한 위치를 차지한다. 반면에 물질적 이해관계가 지배하는
가정에서 아이의 위치는 두 번째나 세 번째, 심지어 바닥으로 떨어
진다. 여하튼 어떤 경우에도 가장 중요한 위치를 차지하지 못한다.

어렸을 때 우리는 부모 주변을 맴돈다. 당연히 거쳐야 할 순종의 단계이기도 하지만, 존재론적으로 자주적인 행동이 인정되지 않는 종속의 단계이기도 하기 때문이다. 그런데 나이가 들어감에 따라 이런 종속 관계가 더욱 심화되어 자신의 것이 하나도 없는 지경에 이르고, 이런 상태가 생각과 감정 등 모든 부분으로 확대된다. 미성년의 상태가 영속화되는 것이다. 결국 우리는 독립된 존재로 서서히 성장해가기는커녕 노예처럼 예속된 상태로 전락해간다. 그는 주변에서 자신에게 바랐던 모습, 예컨대 아버지의 상점과 기업, 아버지의 종교적 믿음과 정치적 견해와 미적인 취향까지 그에게 요구했던 모습이 된다. 이처럼 그는 아버지가 요구하는 방향을 거스르지 않는 범위 내에서 생각하고 행동하며 결혼하여 자신의 가정을 꾸린다.

이런 절대적 가족주의는 자기만의 의지가 없는 사람에 의해서도 유지될 수 있다. 자연의 질서라는 확신만 있으면 자식은 부모의 소유라는 생각이 가능하다. 그런 확신이 없는 경우에는 다른 방법, 예컨대 한숨이나 애원 혹은 저급한 유혹으로 자식을 묶어두면 된다. 여하튼 자식은 사슬로 묶어두지 못하면 끈끈이로 붙잡아두거나 덫을 놓아서라도 옆에 두어야 하는 존재이다. 한마디로 자식은 부모 곁에서 부모에 의해, 부모를 위해 살아야 한다. 오직 그런 삶만이 용납된다.

이런 식의 교육은 가정에서만 행해지는 게 아니다. 대규모 사회 조직도 새로운 조직원을 받아들이면, 그들을 기존의 틀에 거역할 수 없을 정도로 가둬두려고 하는 데 급급하다. 종교 조직이든 공산주의 조직이든, 똑같은 일을 반복하는 관료 조직이든 사회적 조직에서 개인은 이런 식으로 순화되고 동화되고 흡수된다. 외부에서 보면 이런 교육 시스템은 단순한 교육의 전형으로 여겨지며, 실제로 그 과정도 무척 단순하다. 인간 개개인이 고유한 개성을 지닌 존재가 아니라면, 다시 말해서 인종人種의 표본에 불과하다면, 이 방법이 완벽한 교육일 수 있다. 같은 종에 속하는 모든 동물과 모든 어류와 모든 벌레가 똑같은 위치에 똑같은 줄무늬를 갖듯이, 우리가 한 종족의 표본에 불과하다면 모두가 똑같은 취향과 똑같은 언어, 똑같은 믿음과 똑같은 성향을 가질 것이다.

그러나 인간은 인종의 표본에 불과한 존재가 아니다. 따라서 이런 교육 방법의 결과는 결코 단순하지 않다. 인간은 서로 무척 다르기 때문에 개개인의 생각을 억누르고 없애려면 무수히 많은 방법을 찾아내야 할 것이다. 하지만 아무리 노력해도 일부밖에 찾아낼 수 없기 때문에 결국에는 모든 것이 어그러진다. 매 순간 우리 내면에서는 자기 주도적인 힘이 작은 틈새를 뚫고 올라와 폭발을 일으키며 심각한 혼란과 무질서를 야기한다. 그런데도 힘이 외적인 권위체에 있어 어떤 변화도 일어나지 않는 곳에서는 악마가 내면에서 억눌려 있는 것에 불과하다. 따라서 겉으로는 질서 있게 보이지만 그 아래에는 비정상적인 삶에서 비롯되는 결함, 죽음과 같은 무기력이 감추어져 있거나 소리 없는 저항이 일어나고 있다.

이런 결과를 낳는 교육법은 바람직하지 않다. 겉으로는 단순하게 보이지만 실제로는 온갖 복잡한 문제를 야기하는 교육법이다.

두 번째 경우는 정반대의 교육법으로, 아이 자신을 위해 아이들을 가르치는 방법이다. 달리 말하면, 아이를 우선적으로 생각하며 가르치는 방법이다. 여기에서는 역할이 뒤바뀌어 부모가 자식을 위해 존재한다. 아이는 태어나자마자 중심이 된다. 할아버지의 희끗한 머리와 아버지의 강인한 얼굴은 아기의 곱슬곱슬한 머리칼 앞에서 굴복한다. 아이의 혀짤배기소리가 그들에게는 법이며, 아이는 작은 손짓만으로도 원하는 바를 얻는다. 아이가 한밤중에 요람에서 요란하게 울어대면 모든 식구가 피곤하더라도 벌떡 일어나야 한다. 오랜 시간이 지나지 않아 아이는 자신이 전능한 존재라는 걸 알아챈다. 그리고 걷기도 전에 권력의 맛에 도취된다. 시간의 흐름과 더불어 권력은 더욱더 커져간다. 부모와 조부모, 가정부와 선생님 모두가 아이의 지시에 따른다. 심지어 이웃까지 아이를 존중하고, 아이를 위해 희생한다. 그래서 그의 앞길을 방해하는 사람은 반항자로 취급한다. 이제 아이의 눈에는 세상에 자기밖에 없다. 자신이 어떤 경우에도 잘못하지 않는 유일하고 완벽한 존재라고 착각한다. 뒤늦게야 사람들은 자신들의 주인을 키웠다는 걸 깨닫는다. 하지만 엉망진창인 주인이다! 희생이라고는 모르고, 상대를 존중할 줄도 모르며, 동정심은 눈곱만큼도 없는 주인이다. 그는 지금의 자신을 있게 해준 사람들을 조금도 배려하지 않으며, 법도 없고 절제도 없는 삶을 살아간다.

가정만이 아니라 사회에서도 이런 교육법이 행해지고 있다. 과거가 중요하지 않은 곳, 역사가 현재 살아 있는 사람들로 시작된 곳, 전통도 없고 규율도 없고 상호 존경심도 없는 곳, 쥐꼬리만큼 아는 사람이 가장 큰 목소리를 내는 곳에서는 어김없이 이런 식의 교육이 성행한다. 공공질서를 대표해야 할 위치에 있는 사람들이, 느닷없이 들이닥쳐 소리를 지르며 누구도 존중하지 않는 무례한 뜨내기들의 눈치를 보는 곳도 마찬가지이다. 일시적인 열정이 득세하고, 저급한 독단이 승리하는 교육 방식이다.

위의 두 가지 교육 방식을 비교하면, 전자는 환경을 중요시하는 교육 방식이고, 후자는 개인을 중요시하는 교육 방식이다. 또 전자를 전통의 절대주의라고 한다면, 후자는 어린아이의 폭정이다. 나는 두 교육 방식 모두 바람직하지 않다고 생각한다. 더구나 두 방식이 결합된 방식은 그야말로 최악이라 생각한다. 그런 교육 방식에서는 절반은 로봇이고 절반은 폭군인 인간, 달리 말하면 양처럼 맹목적으로 순종하는 마음과 반항하거나 지배하려는 마음 사이에서 끊임없이 흔들리는 인간이 태어날 뿐이다.

결국 자식을 중심에 놓고 키워서도 안 되고, 부모를 중심에 놓고 키워서도 안 된다는 뜻이다. 인간은 운명적으로 주인공이 되어야 하는 것은 아니지만, 그렇다고 하나의 표본에 불과한 것도 아니다. 우리는 아이들에게 삶다운 삶을 살도록 가르쳐야 한다. 아이들을 교육하는 목적은 아이들이 능동적인 구성원으로서 형제애를 발휘하고, 국가를 위해 봉사하는 자유인으로 성장하도록 돕는 것이다. 그 밖의 다른 원칙에 근거한 교육은 삶을 복잡하게 만들고 왜곡하며, 온갖 무질서의 씨를 흩뿌리는 것이다.

아이의 운명을 한마디로 요약하려고 할 때마다 '미래'라는 단어가 입가에 맴돈다. 아이는 미래이다. 이 말에 모든 것—과거의 고생과 현재의 노력과 희망—이 함축되어 있다. 그런데 교육이 시작되는 때 아이는 이 단어의 중요성을 짐작조차 못 한다. 그때 아이는 현재의 강력한 인상에 사로잡히기 때문이다. 그럼 누가 아이에게 현재와 미래의 관계를 설명해주고, 아이를 반드시 거쳐야 할 올바

른 길로 안내할 수 있을까? 바로 부모와 교육자이다. 그러나 조금만 생각해보면 그 과제가 그들 자신과 아이에게만 관계있는 게 아니라는 걸 금세 깨닫게 된다. 따라서 그들은 사사로운 이해관계를 떠나 아이의 교육에 열중해야 한다. 달리 말하면, 아이는 미래의 시민이란 생각을 잠시도 잊어서는 안 된다.

이렇게 접근하면, 그들은 서로 상호보완적 관계에 있는 두 가지를 걱정하게 된다. 하나는 아이의 내면에서 싹트고 자라야 하는 개인적인 힘이며, 다른 하나는 그 힘의 사회적 용도이다. 따라서 그들은 아이를 교육하는 동안, 그들에게 맡겨진 그 꼬마가 어엿한 독립된 존재이자 형제자매가 되어야 한다는 걸 잠시도 잊지 않을 것이다. 독립된 존재인 동시에 형제자매가 되어야 한다는 두 가지 조건은 상호배타적이기는커녕 결코 따로 떨어져 별개로 존재할 수 없는 것이다. 자신의 주인이 되지 않고는 누구도 주변 사람을 사랑하거나 자신을 희생할 수 없다. 거꾸로 표면적으로 일어나는 사건들을 통해 존재의 근원까지 내려가지 않으면 누구도 자신의 주인이 되거나 자신의 남다른 면을 파악할 수 없다. 존재의 근원에서야 우리는 내밀한 공통점을 통해 서로 긴밀하게 연결된 존재라고 느끼기 때문이다. 아이가 독립된 존재인 동시에 형제자매로 성장하는 걸 돕기 위해서는 무질서의 폭력적이고 유해한 힘으로부터 아이를 보호해야 한다.

그 힘은 외적인 힘과 내적인 힘으로 이루어진다. 누구나 외적으로는 물질적인 위험과 외부인의 폭력적인 간섭에 위협을 받는 반면, 내적으로는 자의식 과잉과 자의식 과잉에서 야기되는 온갖 환상에 위협을 받는다. 외적인 위험이 교육자의 지나친 영향력 행사에서 비롯되는 경우, 그 위험은 무척 크다. 교육에서는 강자의 권리가 무척 쉽게 개입된다. 올바른 교육을 하려면 이 권리를 포기해야한다. 다시 말하면, 자신의 열등감을 버려야 한다. 열등감에 우리가타인의 적이 되고, 심지어 우리 자식의 적으로도 변하기 때문이다.

따라서 우리 자신보다 우월한 사람을 본받을 때 우리의 권위는 교육에 도움이 된다. 그런 경우 우리의 권위는 유익한 정도를 넘어반드시 필요한 것이 되며, 내면에서 아이를 위협하는 가장 큰 위험, 즉 자신의 중요성을 과대평가하는 위험을 방지하는 최상의 방책이된다. 아이가 삶을 시작할 때 개인적으로 받는 인상은 무척 강렬하기 때문에, 우리는 아이의 인상에 균형을 되찾아주기 위해서라도우월적 지위에 있는 사람의 영향권하에 두어야 한다. 아이에게 길잡이 역할을 하는 것이 교육의 본래 기능이며, 그 기능은 가능한 한사심 없이 지속적으로 행해져야 한다.

따라서 교육자는 이 땅에서 존경받을 만한 대표라 할 수 있다. 교육자는 삶을 시작한 아이에게, 모든 면에서 그를 앞서고 능가하면서도 감싸주는 존재라는 인상을 준다. 요컨대 교육자는 아이를 억누르는 존재가 아니라, 오히려 아이의 힘을 키워주는 영양분이 된다. 따라서 이런 식의 영향력은 아이의 마음에 공손한 품성을 심어주는 결실로 이어질 것이고, 그런 품성에서 자유로운 영혼들이 태어나는 법이다.

부모와 교사와 교육기관의 개별적인 권위에 둘러싸인 아이는 무성한 가시덤불 틈에 낀 어린 풀과 비슷하다. 어린 풀은 자칫하면 그 틈에서 시들어 죽어버린다. 그런데 사사로운 감정이 배제된 객관적인 권위, 예컨대 어떤 전통적인 지혜를 통해 만들어진 권위는 빛나는 맑은 공기와 비슷하다. 이런 권위는 역동적이어서 나름의 방식으로 우리에게 영향을 주지만 우리의 개성적인 삶을 안정되고 굳건히 해준다. 이런 권위가 없는 교육은 교육이라 할 수 없다. 자신의 욕망을 억제하며 아이들을 감독하고 지도하는 것이 교육자의 역할이다. 아이의 눈에 교육자가 높이에 따라 도약을 달리해야만 겨우 뛰어넘을 수 있는 변덕스러운 장애물로 보여서는 안 된다. 교육자는 투명한 벽이어야 하고, 그 투명한 벽 너머로는 규칙과 현실과 경계에 대한 위반이 허용되지 않는 확고부동한 세계가 분명히 보여야 한다. 그래야만 비로소 현재의 자신보다 더 나은 수준의 것을 생각해내는 능력인 존경심, 즉 우리를 겸손하게 유도함으로써 우리를 성장시키고 자유롭게 해주는 존경심이 각자의 마음에서 생겨난다.
결국 단순함을 추구하는 교육의 원칙은 이렇게 요약할 수 있을 것
이다. 상대를 존중하는 자유로운 사람, 독립된 존재인 동시에 누군
가의 형제자매인 인간을 키워내는 것이 교육이다!

　이 원칙이 현실에서 어떻게 적용될 수 있는지 살펴보자.
　아이는 미래라는 사실에서도 아이와 과거를 이어주려는 경건한
노력이 필요하다. 우리는 새로운 세대를 위해서라도 강렬한 인상을
심어줄 수 있는 실질적인 형태로 전통에 새로운 옷을 입혀야 한다.
이런 이유에서도 연장자와 함께 기념할 만한 것들, 더 나아가 가문
의 역사가 교육과 가정에서 특별한 위치를 차지해야 한다. 특히 어
떤 경우에나 조부모를 공경함으로써 자식 세대에 대한 우리 의무를
다해야 한다. 부모가 어떤 경우에나 할아버지와 할머니를 존중하는
모습을 몸소 보여주는 것만큼 아이들에게 겸손함의 중요성을 설득
력 있게 전달하며, 그 심성을 키워줄 수 있는 방법은 없다. 이 교훈
은 누구도 반박할 수 없는 만고불변의 진리이다. 한 가정에서 이 교
훈이 완벽한 효과를 발휘하려면, 어른들 간에 암묵적인 합의가 있
어야 한다. 요컨대 교육적 효과를 떨어뜨리지 않으려면, 아이의 눈
에 어른들은 서로 긴밀히 협력하고, 서로 존중하며 이해하는 존재

로 보여야 한다. 이런 합의에는 하인도 포함되어야 한다. 하인도 성인 어른이다. 따라서 아이가 하인을 존중하지 않는다면, 아버지나 할아버지를 존중하지 않을 때와 마찬가지로 존경심이 올바로 형성되지 않는다. 아이가 자기보다 나이가 더 많은 사람에게 불손하고 거만하게 행동한다면, 결코 벗어나서는 안 되는 길에서 일탈한 것이다. 이때 부모가 아이에게 따끔하게 주의를 주지 않는다면, 머지않아 부모는 자식의 행동을 통해서 그 마음속에 악마가 들어왔다는 걸 깨닫게 될 것이다.

어린아이는 원래 상대를 존중할 줄 모른다고 생각하며, 이런 생각의 타당성을 뒷받침하려고 어린아이가 우리에게 행하는 불손한 사례를 무수히 제시하지만, 그런 생각은 잘못된 것이다. 존경심은 아이에게 반드시 필요한 것이다. 아이는 존경심을 바탕으로 정신적으로 성장한다. 또 아이는 막연히 뭔가를 존경하고 동경하고 싶어한다. 우리가 아이의 이런 열망을 제대로 이용하지 못하는 까닭에 그 열망이 시들고 변질된다. 우리 어른들이 서로 결속하며 존중하는 모습을 제대로 보여주지 못하기 때문에, 아이들은 주위 어른뿐만이 아니라 존경할 만한 모든 것에 대한 신뢰를 매일 잃어가고 있는 것이다. 결국 우리가 아이들에게 잘못된 정신을 심어주었고, 그 결과가 우리에게 되돌아오고 있는 셈이다.

이런 안타까운 진실은 위에서도 언급한 아이와 하인의 관계에서 가장 극명하게 드러나는 듯하다. 우리가 인간관계에서 범하는 실수, 또 단순함과 배려심의 부족으로 벌어지는 일들은 결국 우리 자식들에게 악영향을 미친다. 가정에서 자식들이 가장 낮은 계급을 대표하는 하인을 존중하지 않아도 모른 체하는 것보다 수천 프랑을 잃는 편이 낫다는 걸 알고 있는 부르주아는 거의 드물지만, 누구도 부인할 수 없는 진실이다.

물론 신분의 차이와 전통적인 관습을 버리고 싶지 않은 사람이라면, 계급 관계를 나타내는 일종의 사회적 경계를 유지하는 것도 잘못된 결정은 아니라고 생각하지만, 우리를 섬기는 사람들도 우리와 똑같은 인간이라는 사실을 잊어서는 안 된다. 당신은 하인들에게 관례적인 표현과 몸가짐을 가르치며 강요한다. 하인들이 당신에게 보여야 할 존경심의 외적인 표현인 셈이다. 그런데 하인들이 당신을 존중해주기를 바라는 만큼이나 당신도 하인들의 인간적 존엄성을 존중한다는 걸 객관적으로 보여주는 태도를 자식들에게 가르치고, 당신도 몸소 실천하는가?

상호존중은 건강한 사회의 기본적인 조건 중 하나이다. 모든 가정은 상호존중을 연습하고 훈련하기에 가장 적합한 곳이다. 그런데 가정이란 훈련장이 거의 이용되지 않아 안타까울 따름이다. 우리는 하인들로부터 존중받기를 원하지만 하인들을 제대로 존중하지 않는다. 따라서 위선적인 존중을 받을 뿐이고, 우리 자식들에게 오만함을 심어주는 뜻밖의 결과에 봉착하게 된다. 위선과 오만이 결합되어 우리가 보호해야 하는 미래, 즉 아이들에게 더 큰 어려움을 안겨주는 셈이다. 따라서 우리가 일상의 습관과 관습에서부터 서로를 존중하지 않는다면 결국에는 큰 것을 상실하고 말 것이다.

그런데 내가 보기에는 대부분의 사람들이 존경하는 마음을 줄이려고 애쓰고 있는 듯하다. 거의 모든 사회계층에서 아이들이 상호 경멸이란 잘못된 마음을 품고 있는 게 확인된다. 여기에서는 손에 못이 박이고 작업복을 입은 사람은 누구나 경멸의 대상이고, 저기에서는 작업복을 입지 않은 사람이 경멸의 대상이다. 이런 분위기에서 자란 아이들은 훗날 서로를 미워하는 가련한 시민이 될 것이다. 이 모든 것은 단순함이 부족하기 때문이다. 단순함이 있어야 사회적 계급이 달라도 선의의 사람들이 계급적 차이에 따른 불편함을 의식하지 않고 서로 협력할 수 있다.

계급의 차이에 따른 특권의식 때문에 존경심이 사라진다면, 당파의식도 그에 못지않게 존경심을 사라지게 만드는 요인이다. 어떤 계층에서는 아이들에게 하나의 조국, 즉 그들의 조국, 하나의 정치, 즉 부모와 교사가 옹호하는 정치, 또 하나의 종교, 즉 그들에게 주입되는 종교만을 숭배하도록 가르친다. 이런 식으로 조국과 종교와 법을 존중하는 사람을 키워낼 수 있다고 생각하는 걸까? 우리와 관련이 있는 것, 우리에게 속한 것만을 존중하는 게 정말 좋은 것일까? 순진한 자기만족에 '존경학파'라 자칭하면서도 자신들 이외에 어떤 것도 존중하지 않는 당파와 파벌의 맹목성을 보면 기가 막힐 지경이다. 그 당파들은 "조국과 종교와 법이 바로 우리!"라고 말하는 것과 다를 바가 없다. 이런 교육은 광신狂信을 낳는다. 광신이 유일한 반사회적인 요인은 아니지만, 상당히 파괴력이 큰 해로운 요인 중 하나인 것은 분명하다.

마음의 단순함이 존경에 반드시 필요한 조건이라면, 삶의 단순함은 존경을 가르치기에 적합한 학교에 반드시 필요한 조건이다. 당신의 재산이 어느 수준이든 간에 당신의 아이들에게 다른 아이들보다 더 낫다는 생각을 심어줄 만한 것들을 멀리하라. 당신의 아이들에게 화려하게 옷을 입힐 수 있는 형편이어도 그것이 아이들에게 허영심을 자극하여 피해를 줄 수 있음을 생각하라. 남들보다 돋보이기 위해서는 멋진 옷을 입으면 충분하다는 착각에 빠지지 않도록 가르치고, 당신의 아이들과 다른 아이들 간의 거리가 옷차림과 습관 등 인위적인 수단에 의해 더욱 멀어지지 않도록 주의하라. 단순하게 옷을 입혀라! 아이들에게 멋진 옷을 입는 즐거움을 만끽하게 해주려고 정작 당신은 절약해야 한다면, 그런 희생정신은 더 나은 대의大義를 위해 아껴두라고 충고하고 싶다. 당신이 아이들을 위해 희생하더라도 보답을 제대로 받지 못할 가능성이 크다. 만약의 사태에 대비해 돈을 절약하는 게 더 나은데도 당신은 돈을 낭비하고 있는 것이다. 어쩌면 훗날 배은망덕으로 닥칠 결과를 각오해야 할지도 모른다. 아들과 딸이 분수에 넘는 삶에 익숙해지도록 방치하는 것만큼 위험한 짓은 없을 것이다. 무엇보다 당신 지갑에 감당하기 힘든 부담을 주기 때문이다. 둘째로는 가족 사이에도 서로 경멸하는 분위기가 형성될 위험이 있기 때문이다. 자식들에게 꼬마 대장처럼 옷을 입히며 부모보다 우월하다고 생각하는 착각에 빠지게 한다면, 결국에는 부모를 경멸하는 파국적인 결말이 닥칠 것이다! 당신은 힘들게 낙오자를 키워내는 셈이다. 키우는 데 많은 비용이 들지만 아무짝에도 쓸모가 없는 낙오자를!

아이들이 부모는 물론이고 그들이 성장한 환경과 풍습, 그들을 위해 들인 주변 사람들의 수고까지 경멸하는 결과가 뻔히 예측되는 방식으로 아이들을 가르치기도 한다. 이런 식의 교육은 그야말로 재앙이다. 이런 교육은 자신의 기원과 가족관계, 다시 말하면 인간의 첫 바탕을 이루는 모든 것을 철저하게 부인하는 불평불만자를 양산할 뿐이다. 그들을 낳은 건강한 나무(가족)로부터 떨어져 나오면, 덧없는 야망이란 바람에 휩쓸려 낙엽처럼 땅바닥을 나뒹군다. 그런데 낙엽들은 결국 어떻게 되는가? 일정한 곳에 차곡차곡 쌓여 분해되고 썩는다.

자연은 두서없이 움직이지 않고, 느릿하지만 확실하게 움직인다. 우리가 아이들의 삶을 준비해줄 때 자연의 방법을 따르면 어떨까? 진보와 발전을 흔히 공중제비라 일컬어지는 격렬한 운동과 혼동해서는 안 된다. 우리 아이들이 어떤 경우에도 아버지의 직업과 꿈 그리고 단순함을 경멸하지 않도록 키워야 한다. 그들이 언젠가 부자가 되더라도 부모의 가난을 부끄럽게 생각하지 않도록 가르쳐야 한다. 농부의 아들이 밭을 혐오하기 시작하고, 뱃사람의 아들이 바다를 떠나고, 노동자의 딸이 남들에게 큰 재산을 상속받을 외동딸로 보여지기를 바라며 성실한 부모와 팔짱을 끼지 않고 혼자 멀찌감치 떨어져 걷기를 바란다면, 그 사회는 크게 병든 사회이다. 반면에 모든 구성원이 부모의 직업을 물려받더라도 더 잘해내려고 노력하고, 더 나은 삶을 목표로 처음에는 대수롭지 않은 역할이라도 성심성의껏 해내는 데 만족한다면 그 사회는 건전한 사회이다.*

---

* 이쯤에서 전반적인 노동과, 노동이 교육에 미치는 긍정적인 영향에 대해 다루어야 하겠지만, 이 문제에 대해서는 Justice : Huit discours(1889), Vaillance(1893), Jeunesse(1895)를 참조하기 바란다.

교육의 목적은 자유로운 시민을 양성하는 데 있다. 당신의 자녀를 자유로운 시민으로 키워내고 싶다면 단순하게 키워라. 단순하게 키우면 자식의 행복을 해치지 않을까 걱정하지 마라. 오히려 정반대이다. 호화로운 장난감, 사치스럽게 꾸민 생일 파티, 부자연스런 오락거리가 주변에 많을수록 아이들은 재밌게 즐기지를 못한다. 이에 대한 분명한 증거가 있다. 아이들을 즐겁게 해주는 방법을 고민할 때 절제하도록 하자. 아이들을 위한 것이란 인위적인 구실을 무분별하게 만들어내지 말자. 의식주는 물론이고 오락거리도 가능하면 자연스럽고 단순해야 한다. 몇몇 부모는 아이들에게 재밌는 삶을 선물하겠다며 자식을 탐식가와 게으름뱅이로 만든다. 나이에 걸맞지 않는 자극을 경험하게 해주고, 파티를 번질나게 열어주며, 공연에 자주 데려간다. 모두 다 쓸데없는 선물이다! 자식을 자유로운 인간으로 키우기는커녕 노예로 키우는 셈이다. 사치에 물들면 나중에는 사치조차도 싫증을 낼 것이다. 어떤 이유로든 안락하게 살 수 없게 되면 그는 당연히 불행해지겠지만, 당신까지 불행해질 것이다. 더구나 당신과 자식이 삶의 과정에서 중대한 기회를 맞아도 순전히 게으름 때문에 인간의 존엄과 진리와 의무를 포기하는 경향을 띤다면 그야말로 최악일 것이다.

따라서 우리 자식들을 단순하게 키우자. 다른 식으로 말하면, 엄

하게 키우자. 인내력을 키우는 훈련을 받게 하고, 심지어 궁핍한 삶을 견뎌내는 훈련도 받게 하자. 맛있는 음식과 안락한 침대를 만끽하기보다는 맨바닥에 누워서도 피로를 견뎌내는 법을 가르치자. 이렇게 할 때 우리 자식들은 독립적이고 건실한 시민으로 성장하여 주변 사람들에게 믿음을 주고, 작은 행복을 위해 자신을 팔지 않더라도 누구보다 행복한 삶을 꾸려갈 수 있을 것이다.

지나치게 안락한 삶은 우리를 일종의 무력증에 빠뜨릴 수 있다. 생기발랄해야 할 어린아이와 젊은이도 세상에 관심을 잃고 심드렁하게 변하고, 환멸에 빠진 애늙은이가 되어 어떤 것에서도 재미를 느끼지 못한다. 요즘 이런 지경에 빠져 허우적대는 어린아이와 젊은이가 얼마나 많은가! 그들에게는 노화와 회의적인 태도, 나쁜 습관의 흔적이 더러운 곰팡이처럼 남겨졌다. 우리가 그들에게 옮겨놓은 질병들이다. 이렇게 생기를 잃은 젊은이들이 우리 자신을 얼마나 되돌아보게 만드는가! 그들의 이마에 새겨져 있는 섬뜩한 경고문을 보라! 이 암울한 그림자들이 우리에게 전해주는 말은, 우리가 자식들을 키웠던 방법과 완전히 다르다. 행복은 진정으로 살아있는 사람이 되는 데 있다고 말한다. 능동적이고 직관적이며, 정욕과 인위적 욕구와 병적인 자극에 구속되지 않은 사람, 한낮의 햇살과 호흡하는 공기를 즐기는 능력을 유지한 채 마음으로는 너그럽고 단순하며 아름다운 것을 사랑하고 느끼는 능력을 갖춘 사람이 되는 데 행복이 있다.

인위적인 삶에서는 인위적인 생각과 자신 없는 말이 생겨나기 마련이다. 건전한 습관과 강한 인상, 현실과의 일상적인 접촉이 있으면 말과 행동도 자연스레 솔직해진다. 거짓은 노예의 악습이고, 비열한 자와 나약한 자의 피난처이다. 자유롭고 당당한 사람은 솔직하다. 우리 아이들에게도 무엇이든 솔직하게 말하는 낙천적인 담대함을 독려하자. 그런데 우리는 어떻게 하고 있는가? 우리는 아이들의 개성을 억누르며 획일적으로 만들려고 한다. 일반 대중에게는 획일성이 예의범절과 동의어로 여겨지기 때문이다. "그대의 머리로 생각하고 그대의 가슴으로 느껴보라고? 진정한 자아를 표현하라고? 건방지고 몰상식한 자식!" 따라서 잔혹한 교육이 시작된다. 우리 각자에게 존재 이유를 부여하는 유일한 것을 영원히 질식시켜버리는 교육이다. 이런 식으로 우리는 얼마나 많은 영혼을 죽이고 있는가! 어떤 영혼은 몽둥이에 맞아 죽었고, 어떤 영혼은 압박에 눌려천천히 질식해 죽었다. 모두가 한통속이 되어 독립된 사람을 키워내지 않으려고 협력한다. 우리는 어렸을 때부터 그림이나 인형처럼얌전해야 하고, 성인이 된 후에는 모두와 마찬가지로 꼭두각시처럼 행동해야 한다. 그렇게 행동해야 세상 사람들로부터 사랑받는다. 꼭두각시는 하나를 보면 전부를 알 수 있다. 이런 이유에서 요즘 사람에게는 창의력과 진취력이 부족하고, 진부함과 단조로움이 우리 삶의 특징이다. 진실이 우리를 자유롭게 해준다. 따라서 우리 아이들에게 본래의 자기 모습을 유지하고, 자신의 생각을 조금도 가감 없이 솔직히 드러내는 법을 가르치자. 또 신의와 성실이 반드시 필요하다는 걸 가르치자. 예컨대 아이들이 큰 잘못을 저질렀더라도 그 사실을 고백하면, 잘못한 것조차 감추지 않고 솔직하게 인정했다고 칭찬해주자.

교육자라면 솔직함에 순진함까지 더해 우리 아이들을 배려하도록 하자. 약간 거칠고 무례하지만 한없이 귀엽고 착한 어린 동반자를 최대한 배려하도록 하자. 아이들을 겁먹게 하거나 놀라게 하지 말자. 아이가 어떤 곳에서 달아나면 다시 그곳으로 되돌아오는 경우는 극히 드물다. 순진함은 우리 개개인의 개성을 지켜주는 수호자로서 진실의 단짝이며, 교육적으로 무척 유익한 수단이기도 하다. 그런데 우리 주변은 이른바 '실증적'인 사람들로 넘쳐흐른다. 그들은 무시무시한 안경과 커다란 가위로 무장하고 순진한 새끼를 끄집어내 날개를 잘라낸다. 그들은 삶과 생각과 교육에서 순진한 면을 도려내는 데 그치지 않고, 순진함을 추적하여 꿈속까지 달려간다. 아이들을 인간답게 만들겠다는 구실로 아이가 아이로 생각하고 행동하는 것까지 방해한다. 하지만 가을에 열매 맺으려면 꽃이 피고 향기와 노래가 있는 봄의 향연이 먼저 있어야 하는 법이다.

어린아이의 곱슬곱슬한 머리 주변에 감도는 순진무구한 귀여움을 위해서, 또한 전설과 순진한 노래, 초자연적인 신비로운 세계의 이야기를 위해서라도 나는 순진하고 단순한 모든 것에 은총이 있기를 바란다. 아이에게 경이로운 세계는 무한함을 의식하는 첫 번째 형태이다. 무한함을 모르는 인간은 날개를 잃은 새와 다를 바가 없다. 아이가 물질적인 현실 세계를 초월하여 사라진 시대의 경건하고 감동적인 상징물을 훗날 올바로 평가하는 능력을 유지할 수 있도록, 경이로운 세계를 경험할 기회를 아이에게서 빼앗지 말자. 지금의 무미건조한 논리로는 결코 대신할 수 없는 표현들이 인간의 진심으로 그런 상징물에서 찾아졌기 때문이다.

결
론

·

나는 지금까지 단순한 삶이 무엇이고 어떻게 표현되는지에 대해 충분히 설명하려고 노력했다. 그 결과, 지금은 잊혀졌지만 단순한 삶에도 힘과 아름다움이 있다는 걸 어렴풋하게나마 보여준 듯하다. 우리 시대를 짓누르는 암울한 무기력을 떨쳐내기에 충분한 활력을 지닌 사람이라면 단순한 삶을 이루어낼 수 있을 것이다. 또 그런 사람이면 표면적인 만족과 유치한 야망을 포기할 때 진정한 행복을 쟁취하고 올바른 판단을 내릴 가능성이 증가한다는 걸 깨닫는 데 오랜 시간이 걸리지 않을 것이다.

　　이런 결과는 개인적인 삶에는 물론이고 공적인 삶에도 영향을 미친다. 우리가 대외적으로 관심을 받고 싶은 욕망을 억누르고, 이런저런 욕구 충족을 활동의 목적으로 삼지 않으며, 겸손한 취향으로 되돌아갈 때 가족의 결속력 강화를 위해 더욱더 노력하게 된다는 것은 이론의 여지가 없다. 이렇게 되면 우리 가정에는 완전히 다른 분위기가 감돌며 새로운 생활 습관이 형성되고, 아이들을 교육하는 데 유리한 환경이 조성될 것이다. 딸이든 아들이든 우리의 어린 자식들은 한층 고결하지만 충분히 실현 가능한 이상을 향해 인도되고 있다는 걸 온몸으로 느끼게 될 것이다. 가정에서의 이런 변화는 장기적으로 공공 정신에도 영향을 미친다.

돌멩이의 크기와 돌멩이들을 유착시키는 시멘트의 점도에 따라 벽의 견고함이 결정되듯이, 사회의 역동성은 시민 개개인의 가치관과 시민들의 결속력에 달려 있다. 우리 시대의 커다란 문제점은 사회를 구성하는 개인들의 교양이다. 현재의 사회조직에서는 모든 것이 이 문제로 귀결된다. 이 문제를 무시하면, 진보의 혜택을 상실하는 위험에 처할 수 있다. 게다가 뭔가를 이루어내려는 우리의 가장 끈질긴 노력마저도 우리에게 피해를 주는 결과를 낳을 수 있다. 연장이 끊임없이 완벽해지더라도 노동자의 가치가 떨어진다면, 그 노동자가 다루는 연장이 무슨 소용이겠는가? 연장의 탁월한 성능 때문에, 아무런 생각이나 판단도 없이 그 연장을 다루는 사람의 잘못이 더욱 두드러지게 부각될 것이다. 요즘 기계의 톱니바퀴들은 무척 정교하다. 부주의와 무능과 부패가 과거 사회의 다소 기초적인 기계에 미친 영향에 비교하면, 요즘의 기계에는 감당하기 힘든 문제를 야기할 수 있다. 따라서 그런 기계를 움직이는 역할을 어떤 식으로든 부여받은 사람의 품성에 주의를 기울여야 한다. 그 사람은 믿음직하면서도 융통성이 있어야 하고, 독립적인 존재인 동시에 형제자매여야 한다는 삶의 기본 법칙에 충실한 사람이어야 한다. 이 법칙의 영향하에서 우리 안팎의 모든 것이 단순화되고 통일된다. 결국 우리의 기본적인 관심사는 상반된 것이 아니라 동일한 것이기 때문에 이 법칙은 모두에게 똑같이 적용되고, 모두가 이 원칙을 기준으로 행동해야 한다. 따라서 단순함이란 마음가짐을 함양할 때 우리는 공적인 삶을 더욱 결속력 있게 끌어갈 수 있을 것이다.

공적인 삶에서 분열과 해체에 따른 현상들은 동일한 원인, 즉 결속력과 응집력의 부족에서 비롯되는 것이다. 계급과 파벌 및 지연地緣이란 편협한 이해 집단의 승리, 개인적인 행복의 악착스런 추구가 사회의 행복을 방해하고, 결국에는 개인의 행복까지 무너뜨린다는 사실은 아무리 강조해도 지나치지 않을 것이다. 모두가 자신의 행복만을 추구하는 사회는 조직화된 무질서가 지배하는 사회이다. 타협할 줄 모르는 이기주의의 충돌에서 어떤 다른 결과를 기대할 수 있겠는가.

우리는 가족에 명예를 더해주기 위해서가 아니라 가족으로부터 어떤 이득을 얻어내려 할 경우에만 가족을 앞세우는 사람이라 말해도 과언이 아니다. 우리는 사회의 모든 계층에게 뭔가를 요구한다. 모두 자신이 채권자라고 주장하며, 자신이 채무자인 걸 인정하는 사람은 한 명도 없다. 우리가 주변 사람들과 관계를 맺는 이유는 다정한 말투나 위압적인 말투로 빚을 갚으라고 그들을 다그치기 위해서인 듯하다. 이런 마음가짐으로는 결코 바람직한 결과를 얻을 수 없다. 이런 태도는 근본적으로 특권의식이기 때문이다. 게다가 특권의식은 보편적 법칙의 영원한 적이고, 형제애적 상호 이해를 가로막는 장애물이기 때문이다.

1882년의 어느 강연에서 프랑스의 철학자 에르네스트 르낭 Ernest Renan은 국민을 '영적인 가족'이라 정의하며, "민족의 본질은 모든 구성원이 많은 것을 공유하는 동시에 또한 모두가 많은 것을 망각했다는 점이다"라고 덧붙였다.

과거에서만 아니라 하루하루의 일상적인 삶에서 무엇을 망각하고, 무엇을 기억해야 하는지 아는 것이 중요하다. 우리를 갈라놓는 것은 우리 기억 창고를 가득 채우지만, 우리를 하나로 이어주는 것은 잊혀진다. 우리는 누구나 각자의 기억 창고에서 가장 환한 부분에 자신의 부수적인 특징을 확실하게 간직해둔다. 다시 말하면 유명 인사, 농부, 기업가, 학자, 공무원, 노동자, 정치적인 당파나 종교적인 종파 등 자신의 신분을 명확히 기억한다. 그러나 본질적인 특징, 즉 한 국가의 자식이며 한 인간이라는 사실은 어둠 속에 처박힌 채 이론적인 개념으로 간신히 남아 있을 뿐이다. 우리를 지배하며 우리 행동을 결정하는 것은 바로 우리를 다른 사람들과 구분해주는 것이다. 우리를 다른 사람들과 하나의 민족으로 이어주는 결속 정신이 들어설 자리는 거의 없는 셈이다.

또한 우리는 형제라는 생각에 나쁜 기억을 우선적으로 간직하게 된다. 자기중심적이고 배타적이며 오만한 생각에 젖은 사람들은 매일 서로 다투며 상대의 마음에 상처를 준다. 그들은 만날 때마다 대립하며 경쟁심을 불태운다. 그들의 기억에는 상대에 대한 악의와 불신과 원한이 조금씩 쌓여간다. 이 모든 것이 나쁜 마음에서 비롯되는 결과이다.

우리 주변에서 나쁜 생각을 완전히 몰아내야 한다. 매일 아침 우리는 주변의 모든 사람에게 "기억하라! 잊어라!"라고 말할 수 있어야 한다. 본질적인 것은 기억하고, 부수적인 것은 잊으라는 뜻이다. 계급의 고하를 막론하고 모두가 이런 생각을 마음에 품었다면 시민으로서의 의무를 한층 더 잘해냈을 것이다! 이웃의 마음에 친절한 행동의 씨를 뿌린다면, 예컨대 이웃이 자기도 모르게 마음속으로 증오하며 "이 수모를 절대 잊지 않겠어!"라고 말할 수밖에 없는 행동을 이웃에게 하지 않는다면, 이웃의 마음에 좋은 기억을 심어줄 수 있을 것이다!

단순함을 우선시하는 정신은 정녕코 위대한 마법사이다. 그 정신은 거칠고 조악한 것을 바로잡고, 균열과 심연 위로 다리를 놓아주며, 많은 손과 많은 마음을 하나로 이어준다. 단순함을 우선시하는 정신은 이 세상에 무한히 많은 형태로 존재한다. 그러나 신분과 이해관계와 편견이란 숙명적인 장벽을 넘어 최악의 난관에도 승리를 거두고, 모든 면에서 달라 보이는 사람들이 서로 이해하고 존중하며 사랑하게 해줄 때만큼이나 단순함이 감탄스럽게 보일 때가 없다. 이때 사회가 진정으로 결속되며, 이런 결속이 있을 때 하나의 국민이 굳건히 확립되기 때문이다.

삶의 행복과 아름다움은
단순함을 추구할 때 얻어진다.

단순한 삶으로 돌아가자!

현대 문명의 중심지이자 고향, 정교하고 세련된 교양의 심장부인 복잡한 도시 파리에서 '단순한 삶'을 역설한 수상록이 전해졌다. 맑은 거품이 보글보글 올라오는 숲속의 샘에서 시작된 시원하고 상큼한 시냇물이 도시의 한복판을 가르는 것만큼, 우리 눈에 기적처럼 여겨지며 우리 오감을 상쾌하게 해주는 일은 없을 것이다. 그러나 저자의 표현에 따르면 "고열로 몸이 허해지고 갈증에 시달리는 환자는 잠을 자는 동안 시원한 시냇물에서 멱을 감거나, 맑은 샘물을 벌컥벌컥 들이켜는 꿈을 꾼다. 복잡하고 변덕스러운 현대인의 삶에 지쳐버린 우리 영혼은 단순함을 꿈꾸기 마련이다."

과거에 로마인들이 "진리란 무엇일까?"라고 물었듯이, 오늘날 파리의 사람들이 "단순한 삶이란 무엇일까?"라는 의문을 품는 것은 당연한 듯하다. 파리 사람들의 경우에는 이 질문에 십중팔구 이렇게 대답할 것이다.

 "목가적 시인들이나 신약성경에서 말하듯이, 단순한 삶은 삶의 한 형태입니다. 하지만 오늘날 문명화된 사회에서는 단순한 삶을 살기가 쉽지 않습니다. 단순한 삶을 영위하려면 애초에 단순한 성격으로 태어나야 합니다. 그런데 문명의 발달로 우리는 그런 중요한 기준까지 무시하기에 이르렀습니다. 언어의 경우도 다를 바가 없습니다. 요즘에 단순한 사람이라고 불리면 바보라는 뜻이니까요."

 하지만 샤를 바그네르의 설명에 따르면, 단순한 삶을 향한 열망은 인간에게 허락된 가장 원대한 운명을 완수하려는 열망이다. 바그네르는 현대적 관점에서 접근하더라도 단순한 삶이 사라져야만 하는 것인지에 대해 의문을 제기한다. 또한 단순한 삶을 불가능한 이상이라 생각하며 단념해야 하는 것인지, 단순함이 특정한 경제적 혹은 사회적인 상황에 따라 결정되는 것인지에 대해서도 의문을 제기한다. 저자는 우리가 무력감에 젖어 단순함이란 이상을 추구하지 않고, 실질적인 에너지를 쏟는 대상으로 단순한 삶을 추구할 수 있다고 주장하며, 정의와 깨달음을 향한 인간의 모든 몸부림은 단순한 삶을 향한 몸부림이기도 했다고 덧붙인다.

요즘 우리에게는 무엇이 남아 있을까? "요람에서 무덤까지 현대인은 기본적인 욕구를 충족할 때나 임의적인 쾌락을 추구할 때, 또 세상과 자신에 대한 생각을 정리할 때 마치 끝없이 복잡한 미로에서 발버둥 치는 것 같다. 이제 단순한 것은 없다. 생각하고 행동하며 즐기는 것도 단순하지 않다. 심지어 죽는 것도 간단하지 않다. 그런데 우리 삶을 더욱 까다롭게 만들고, 우리 삶에서 적잖은 즐거움을 떼어낸 장본인이 바로 우리 자신이다."

우리의 물질적 욕구는 무척 다양해졌다. "현재의 물질적 풍요를 즐기고 유지하기 위해 지금 우리가 사용하는 모든 도구를 인류가 언젠가 확보하게 될 것이란 걸 우리 이전 세대들이 알고 있었더라면, 첫째로는 자주성이 확대되어 더욱더 행복해질 것이고, 둘째로는 재물을 차지하기 위한 경쟁이 크게 줄어들 것이라고 예상했을 것이다. 또한 그처럼 완벽한 환경이 갖추어지면 삶이 단순해져 지극히 높은 수준의 도덕적인 사회가 가능할 것이라고도 생각했을 것이다. 하지만 이런 결과는 전혀 나타나지 않았다. 행복과 사회적인 안녕, 우리를 올바른 길로 이끌어갈 도덕 등 어떤 것도 증가하지 않았다. (…) 주거 환경만이 아니라 먹고 입은 형편이 과거보다 훨씬 나아졌지만, 그 이후로도 먹고사는 문제는 나날이 극심해지며 우리 삶에서 큰 몫을 차지해왔다. (…) 모든 면에서 호화롭게 살면서도 물질적인 장래를 걱정하는 모습을 보고 싶다면, 넉넉하게 살아가는 사람, 특히 부유한 사람을 지켜보면 된다."

이런 현상이 모든 사회계층이 침투한 까닭에 "사회계층에 따라, 또 조건과 상황에 따라 정도의 차이가 있지만 모두가 불안감에 시달린다. 그런 불안감은 무척 복잡한 정신 상태의 반영으로, 굳이 비교한다면 풍족하면서도 불평을 일삼는 변덕스러운 응석받이의 심통이 가장 적합할 듯하다. (…) 인간은 욕구와 욕심이 커질수록 주변 사람들과 다툴 기회가 많아지고, 다툼의 원인이 합당하지 않을수록 다툼으로 인한 원한은 깊어간다. 빵 때문에, 결국 기본적인 욕구를 채우려고 싸우는 것은 자연법칙이다. (…) 반면에 더 많은 것을 얻기 위한 다툼, 욕심을 채우고 특권을 누리며, 변덕과 물질적인 쾌락을 충족시키기 위한 다툼은 완전히 다르다. 욕심과 탐욕, 불건전한 쾌락을 채우려고 많은 인간이 비열한 짓을 저지르지만, 굶주림 때문에 비열한 짓을 저지르는 사람은 없다. 현대사회의 자기중심주의는 심화되고 세분화될수록 더욱더 해로워진다."

우리 삶에서 더 나아진 데가 없을까? 우리는 자유로워지고 해방되어야 한다. 인간사에서 진보의 핵심은 도덕심이란 사실을 명심하며 진정한 삶을 회복해야 한다. 그러나 중요한 것은 어떤 경우에도 인간은 여전히 인간이어야 하고, 자신의 삶을 살며, 목표를 향해 꾸준히 나아가야 한다는 것이다. 어떤 길을 택하더라도 목표를 향해 걸으려면 갈림길에서 방향을 상실해서도 안 되고, 불필요한 짐에 시달려서도 안 된다. 지향하는 방향에서 눈을 떼지 않고, 옳다고 믿는 것에 대한 신념을 잃지 않아야 한다. 하루하루 더 나은 삶을 살기 위해서는 짐을 단순화하고 가볍게 해야 한다.

"단순한 생각, 단순한 말, 단순한 욕구, 단순한 즐거움, 단순한 아름다움." 이런 것들에 비유되는 작은 시냇물은 도시의 한복판을 흐르더라도 우리에게 자연의 맑고 상쾌한 수원지를 떠올려주기에 충분하다. 하지만 이런 삶을 주장하는 사람이 파리에 있으리라고는 상상하기 어렵다. 이런 사람을 찾으려면, 우리는 본능적으로 언덕을 향해 눈길을 던질 것이다.

(…)

강연과 모임 및 일상생활에서의 경험을 바탕으로 적잖은 책을 발간한 샤를 바그네르는 『정의』『젊음』『용기』『길을 따라』『벽난로 옆에서』『단순하게, 산다』『사물의 영혼』『당당한 사람이 되라』 등이 대표적인 저서이다. 특히 『사물의 영혼』의 서문에서 바그네르는 이 책은 만물의 본질을 묘사해보려는 시도라면서, 겉으로는 행복하거나 비참하게, 고결하거나 비열하게, 이상적이거나 세속적으로 보이며 삶이 변덕스럽게 여겨지지만 항상 흥미진진하다는 면에서는 똑같다고 이야기한다.

　　"열심히 일하는 개미, 밖에서 뛰노는 아이, 땅바닥을 향해 떨어지는 나뭇잎 등 현실 세계에서 우리가 만나는 지극히 사소한 것이 이상하게도 내 마음을 사로잡는다. 그 작은 것들을 하나로 묶어주는 원인이 나에게 아무런 감흥을 주지 못하는 만큼이나, 진실에 가까운 단순한 현상에 나는 완전히 매료된다. 마치 분장도 하지 않고 인위적으로 꾸미지도 않은 배우에 의해 인간 드라마의 일부가 펼쳐지는 것처럼 말이다. 살아 있는 생명체의 매력은 무궁무진하다. 유혹적으로 움직이는 하나하나의 생명체가 하나의 상징이고 교훈이며 기호이다. 아무리 작은 개울이어도 결국에는 바다로 이어지고, 한 걸음 한 걸음 내딛다 보면 정상으로 연결되지 않는 산길이 없지 않은가! 우주의 만물은 귀를 열고 듣는 법을 아는 사람에게 끊임없이 말을 걸고 있는 것이다.”

　샤를 바그네르의 책들은 진지하고 단순하며 직접적이라는 점에서 무척 매력적이다. 그의 책을 읽다 보면 독자는 마음이 맞는 친구가 옆에서 속삭여주는 말을 듣고 있는 듯한 기분에 젖는다. 바그네르는 때로는 우리의 기운을 북돋워주고 때로는 나무라며, 때로는 격려하고 때로는 경고하며 친밀하게 이야기를 풀어간다. 또한 주변의 작은 것부터 절대자의 원대한 것까지 다루며 격해지는 감정을 숨김없이 드러낸다.

　그의 ‘단순한 삶으로 돌아가자!’라는 선언은 새삼스런 것이 아니다. 요즘 사람에게도 그렇겠지만, 진리가 무엇인지 의문을 품었던 로마 사람에게도 이 선언은 당연하게 여겨졌을 것이다. 아득한 옛날부터 인류의 삶은 빵을 간구하지만 다른 것을 받는 역사의 반복이었다. 달리 말하면, 탁발 수도자에게 빵을 주는 사람만큼이나 돌멩이를 주며 우롱하는 사람이 있었다.

　샤를 바그네르는 빵을 주는 사람에 속한다. 특이한 사람들이 많은 세상이지만, 그가 나눠주는 빵은 그 자신이 실제로 먹고 살아가는 빵이란 점에 그의 특이함이 있다. ‘영혼의 양식’이란 말은 그에게 한낱 상징적인 표현에 불과한 것이 아니다. 영혼의 양식을 갈구하고, 영혼의 양식을 얻기 위해 노력한다는 게 무슨 뜻인지 그는 잘 알고 있다.

(…)

샤를 바그네르는 종교와 삶에 대한 개인적인 관점을 설명해달라는 부탁을 받은 적이 있었다. 당시의 대답 중 일부를 인용하는 것으로 추천사의 결론을 대신하고자 한다.

"겉보기에는 서로 적대적이지만 근본에서는 하나인 많은 힘을 조화롭게 결합하는 능력이 나에게는 있는 듯합니다. 나는 부자와 가난한 사람, 지혜로운 사람과 무지한 사람, 도시인과 농민, 독일인과 프랑스인, 믿음의 사람들과 무신론자, 과거의 옹호자와 현재의 옹호자 등과 어울려 살았고, 그들 모두를 이해하고 사랑합니다. 또 나는 건전하고 진실한 사람을 좋아합니다. 그들의 희망과 슬픔, 심지어 폭풍우를 맞아 흔들리는 생각과 행동까지도 사랑합니다. 나는 인간입니다. 인간에 관한 것이면 무엇 하나도 나와 관계없다고 생각하지 않습니다. 예컨대 맹인 시인을 사랑하면서, 하루하루 더욱더 열정적으로 사랑하는 방법을 배웠습니다.

어찌 보면 나는 무종교인입니다. 그리스도를 통해 하나님을 찾아온 자연의 아들입니다. 나는 슬픈 그리스도를 믿지 않습니다. 즐거움을 주는 그리스도를 믿습니다. 내가 그리스도를 따르는 이유는 그리스도가 자연의 언어, 즉 인간의 언어를 말씀하는 걸 들었기 때문입니다. 그의 심장에서 만인의 심장이 뛰는 소리를 들었기 때문입니다. 그러므로 나에게 그리스도는 과거에도 없었고 지금도 없는 존재가 아니라, 항상 우리 모두와 같은 시대에 계시는 분입니다. 한마디로, 항상 우리 곁에 머무는 성령을 상징하는 존재입니다.

인간을 위한 신성한 복음에 담긴 분명한 진리가 매일 아침 선각자처럼 수평선에 나타납니다. 매일 아침 나는 그 선각자를 처음 보는 것처럼 설레는 마음으로 인사말을 건네고 존경의 마음을 전합니다. 처음에는 나를 불안감에 빠뜨렸던 기적과 교리 등이 이제는 조금도 불안하지 않습니다. 기적과 교리 너머에서 내 눈에 보이는 것은 하나밖에 없습니다. 하나님을 찾는 인간과 인간을 찾는 하나님!"

1901년, 뉴올리언스에서 • 그레이스 킹

단순함이란 대체 무엇일까?

이 책의 번역을 끝낸 날이 때마침 20대 국회의원 선거일이었다. 결과는 대중의 지혜가 발휘된 절묘한 선택이었다. 하지만 나는 마음 한구석이 무거웠다. 내 생각이 잘못된 것인지 판단해보려고 젊은 세대부터 내 또래까지 적잖은 사람에게 물었다. 결과와 과정, 둘 중 어느 쪽이 더 중요합니까? 남녀노소를 불문하고, 결과가 중요하다고 대답한 사람은 한 명도 없었다. 내 마음의 한구석이 찜찜한 이유가 통계적으로도 설명된 셈이다. 그 이유가 무엇이었을까? 한 야당 지도자가 어느 날 갑자기 영입하고 비상대책위원장에 임명한 국가보위비상대책위원회^{국보위}의 적극적인 부역자 때문이었다. 도무지 앞뒤가 맞지 않고 정체성을 부인하는 영입이었다. 더구나 영입의 이유는 '경제민주화'를 통한 '중도층의 지지 확대'가 전부였다. 국보위와 관련된 집단과 화해하기로 결정했다거나, 그 결정을 국민에게 물었다는 말은 전혀 없었다. 그럼 국민, 특히 호남인이 국보위를 이미 용서했다는 증거가 있던가? 내 기억에는 없다. 그런데도 그 야당의 대다수 입후보자들은 그 국보위 부역자를 적극적으로 환영했고, 심지어 히딩크에 비교하는 정치꾼까지 있었다. 이른바 진보를 표방하는 언론과 지식인 및 시민단체도 이에 대한 언급이 전혀 없었다는 건 더욱더 큰 충격이었다. 심지어 원로라는 사람들은 국보위의 부역자가 당권을 차지한 당을 지원하며, 그 당을 뛰쳐나간 사람들을 적반하장격으로 '역사의 반역자'라 기억될 것이라 위협했다. 그들에게는 '원하는 결과를 얻기 위해서 과정 따위는 문제가 되지 않았다!' 이제부터 그들은 자식들에게 무엇이라 가르칠까? 또 그 국보위 부역자의 등장에 침묵한 언론과 지식인들은 앞으로 친일과 독재를 비난할 자격이 있을까? 설령 그들이 친일과 독재를 비난한다고 이제 누가 믿어줄까?

왜 그들은 이렇게 행동했을까? 저자의 표현을 빌리면, 단순하지 않은 사람들이기 때문이다. 그럼 단순하다는 게 무엇일까? 단순한 사람은 솔직한 사람이다. 따라서 남을 모방하는 데 급급하지 않고 언제 어디에서나 당당할 수 있다. 또한 순수하기 때문에 속임수를 모르고 오만하지도 않으며 항상 겸손하다. 한마디로 자연의 흐름에 순응하는 사람이다. 놀랍게 들리겠지만, 자연의 흐름에 순응하는 사람이야말로 합리적이고 논리적이다. "가을에 열매 맺으려면 꽃이 피고 향기와 노래가 있는 봄의 향연이 먼저 있어야 하는 법이다." 따라서 단순한 사람은 예측 가능하다. 예측 가능하다고 단조롭고 기계적이란 뜻은 아니다. 그 단순한 사람처럼 우리도 합리적으로 생각하면 그의 행동 방향을 예측할 수 있다는 뜻이다. 단순한 사람은 진실되다. 진실되기 때문에 몸과 마음이 자유롭다. 자유롭다는 것은 어떤 틀에도 갇히지 않는다는 뜻이다. 성공과 실패, 이익과 손해를 따지지 않는다는 뜻이다. 따라서 거짓되게 행동하거나 말하지 않는다. 저자는 "거짓은 노예의 악습이고, 비열한 자와 나약한 자의 피난처"라고 매섭게 말했다.

정확히 120년 전에 발표된 책이다. 하지만 요즘의 자기계발서와 사뭇 달라, 1904년 당시 미국 대통령이던 시어도어 루스벨트가 미국 국민에게 '우리 마음에 새겨야 할 교훈을 담은 최고의 책'으로 소개했던 것처럼 시공을 초월해 지금의 우리에게도 설득력 있게 다가온다. 저자는 우리가 단순함을 추구할 때 삶의 행복이 얻어진다고 말하지만, 이 책을 읽는다고 삶의 행복이 그냥 얻어지는 것은 아니다. 사색과 실천이 필요하다. 책에서 얻은 지식은 그저 지식에 불과하다. 올바른 방향으로 실천되지 않는 지식은 자신에게는 물론이고 남에게도 해롭다. 이 책에서 말하는 단순함이란 그런 것이다.

충주에서 • 강주헌